Higashikawa Style

東川STYLE

北海道8000人小鎮的創生故事

玉村雅敏、小島敏明 編著

吉田真緒 著

侯詠馨 譯

Higashikawa
Scape
--
打造東川生活的風景

與大自然共存的小鎮

東川町位於標高2291公尺，北海道最高峰——旭岳的山腳下。

8000位鎮民，在壯闊的自然景色之中生活，

他們的工作，宛如豐富的生態體系，持續進化。

全體居民都靠地下水生活的小鎮

東川沒有自來水。扭開水龍頭，
流洩而出的是大地以漫長時間孕育的天然礦泉水。
人們毫不吝惜地每天飲用、使用這些水。
這份奢侈，在這裡卻是理所當然。

水田無邊無際的小鎮

東川人從田園的景色變遷來判斷季節。
初夏時分，剛盛滿水的田地，宛如鏡子，映照著夕陽，
秋季則被低垂的稻穗，染成整片金黃色。
日常之中，美景俯拾皆是。

優質咖啡廳與商店自然發展的城鎮

小鎮隨處皆是舒適的空間，

比起重視獲利與效率的經濟活動，

更像是追求自我表現的生活風格，延伸而來的活動。

跳脫公務員僵化思考，互助互惠的小鎮

鎮上的行政機關擅長經營，推動多種獨特的事業及政策，

透過與各種主體的互惠合作，探索新城鎮的樣貌，

於是，我們看見未來社會在此萌芽。

前言

　　本書是預想未來市鎮及社會的「城市創造兼旅遊導覽手冊」。未來已在某片土地萌芽。那是人們相互影響，共創共育的嫩芽。本書是為了讓人們編織、思考未來城市及社會的導覽手冊。

　　這次介紹的案例，是位於北海道正中央，8000人口的東川町。
　　東川町距離相鄰的旭川市中心，車程大約25分鐘（15公里），距離旭川機場約10分鐘（5公里），位於大雪山國家公園的山腳下，是一個自然資源及田園景觀豐富的幸運城鎮。處於上川盆地，氣候方面，冷熱溫差相當大。夏季炎熱，漫長的冬季，甚至會出現零下20度的低溫。
　　這樣的城鎮，在北海道也許不算少見。然而，在「看似平凡無奇的」東川町，卻有許多引人注目之處。
　　目前的東川町，除了北海道之外，更吸引了許多來自海內外的定居

者，近二十年來，人口增加了約14％。居住於這座城鎮的人們，多半重視在「Life（生活）」之中「Work（工作）」的自然生活風格。此外，在這座8000人的小鎮，竟然有60幾家個性化的咖啡廳、餐廳、烘焙坊、商店、工坊，建立起各種不同的「微型經濟」。人們的生活風格與微型經濟形成連鎖效應，塑造了豐富的生態體系，促使小鎮活性化。

東川有的不是一般的「公務員作風」，而是鎮公所職員自己的「Style」，活在大自然中的居民「Style」。此外，居民、企業、NPO（非營利組織）、商工會、JA（日本農業協同組合）等各個主體，均追求「自我風格」，自然而然形成互相影響的「Style」。

本書揭示在東川町及社會感到的「平凡」，也就是在東川極其自然的「Style」，從中萃取出四十個可能構成未來社會的價值基準

（Standard），加以解說。

本書分為兩大部分，「Life & Work：『微型經濟』生態系統──以自然風格打造的生活及社區」及「Public & Commons：共鳴與共創孕育的『自我風格』──小我事、眾人事、世間事的良性循環」。

東川培育出堅持自我、不勉強的自然生活型態（Life）及工作型態（Work），也許我們能從中找到新時代的提示。在前半部的「Life & Work」中，我們將解說以自然風格打造生活與社區的人們，他們的事業與「微型經濟」生態體系的教誨。

在東川，除了個人及團體主動發起的「小我事」，更形成小我事、眾人事、世間事的良性循環，集結社區之力持續共創Public & Commons。在後半部「Public & Commons」中，我們將解說建構「東

川風格」、實踐鄉鎮發展的教誨。

　　相信本書的讀者不僅能認識東川這個地方，了解在這裡生活的人們與他們的風格，還能進一步思考自己今後的生活及工作。

　　此外，在東川町實施的政策及事業，致力於鄉鎮發展的經驗，也許能讓各位探索現居城市的未來。

　　現在正在進行的城市創造及社會發展，來自過去的經驗累積，銜接現在，並預想未來的城市與社會。但願讀者閱讀本書時，也能進行一場思考之旅。

　　好了，一起前往探索「東川Style」的旅行吧。

2016年3月　玉村雅敏

DISTANCE: Scale 1

from Asahikawa Airport

前往亞洲、日本各大都市，
與世界比鄰的城鎮。

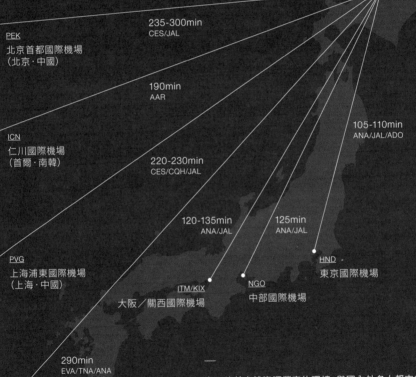

東川

10min

AKJ
旭川機場

235-300min
CES/JAL

PEK
北京首都國際機場
（北京·中國）

190min
AAR

105-110min
ANA/JAL/ADO

ICN
仁川國際機場
（首爾·南韓）

220-230min
CES/CQH/JAL

120-135min
ANA/JAL

125min
ANA/JAL

PVG
上海浦東國際機場
（上海·中國）

HND
東京國際機場

ITM/KIX
大阪／關西國際機場

NGO
中部國際機場

290min
EVA/TNA/ANA

TPE
台灣桃園國際機場
（台北·台灣）

東川位於自然資源豐富的環境，與國內外各大都市的時
間距離，卻十分接近。從鎮中心到距離最近的旭川機場，
開車只要10分鐘。前往東京單程約2小時，當天往返也沒
問題。也有前往北京、仁川等亞洲主要都市的定期航班，
是個與世界接軌的小鎮。備有周全的積雪方案，冬季停飛
率在北海道也是最低。

※飛行時數為約略數據。關西伊丹機場僅夏季通航

DISTANCE: Scale 2

from
the Center of
Higashikawa

鄰近都會與大自然。
佔盡地利的城鎮。

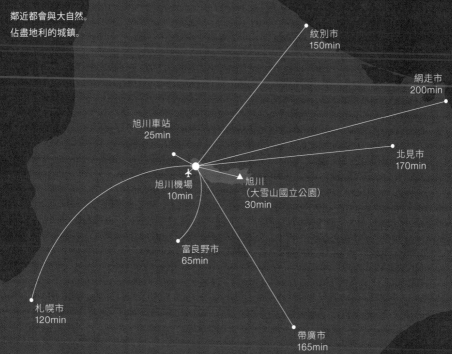

紋別市
150min

網走市
200min

旭川車站
25min

北見市
170min

旭川機場
10min

旭川
（大雪山國立公園）
30min

富良野市
65min

札幌市
120min

帶廣市
165min

—

東川町幾乎位於北海道的正中央，通往北海道各地均十
分便利。都市與自然恰到好處的距離，也是它的特徵。距
離北海道第二大城、關東以北第四大城，人口約35萬的
核心都市旭川（車站），車程約25分鐘。另一方面，距離位
於鎮內，北海道首屈一指的自然環境——旭岳（大雪山國
家公園），車程同樣約30分鐘。

NUMBERS of Higashikawa

東川的各種數據

(A)

0

自來水普及率0%／國道0／鐵路0

(B)

-29.3°

觀測史上單日最低氣溫（1978.2.17）

(C)

2.3m

冬季降雪量

(D)

226,763ha

大雪山國家公園面積

(E)

6,600t

大雪旭岳水源水單日湧水量

(F)

6,973 → 8,105

人口增加的都市 6,973人（1994.3）→8,105人（2015.12）

(G)

30%

產自東川町的旭川家具比率

(H)

1,000,000

年觀光客人次

(I)

5,929

小鎮的「股東」總數（2015.12當時）

(J)

1,819

參加「寫真甲子園」的高中總校數

(K)

1

日本唯一的公立日語學校

(L)

38,000

東川町國際攝影節參加人數

（A）水資源豐富，北海道唯一，同時也是日本少數沒有自來水的城鎮，所有鎮民均仰賴大雪山的伏流水（地下水）生活／（B）位於上川盆地，冷熱溫差劇烈，但風勢平穩，空氣乾爽／（C）位於北海道降雪量多的地區／（D）大雪山國家公園是日本最大的國家公園。面積大於東京都／（E）獲日本環境省評選為「平成百大名水」。礦物質豐富，最適合沖泡咖啡。甚至還有大老遠前來汲水的遊客／（F）巔峰時期為1950年的1萬754人，隨後逐漸下滑，近年則呈增加的傾向／（G）住著許多手工藝師傅，也是一座手工藝市鎮／（H）有些遊客來此處接觸大自然，也有不少旭川人前來享用午餐／（I）這裡有可供鎮外贊助者投資鎮內事業的「股東制度」。可計入故鄉納稅¹／（J）全國高中生每年都手持相機展開激戰。1994年開辦／（K）外國人在此一點也不稀奇，這也是東川風格之一／（L）1985年起每年舉辦，甚至還有「東川攝影節」的暱稱。

1 捐款給地方政府可抵扣個人所得稅及住民稅的地方振興制度。

CONTENTS

01

Life & Work

「微型經濟」生態系統
—— 以自然風格打造生活及社區

迎向人口減少的時代,地方自治團體瀕臨滅亡的危機,

東川町的人口卻逆勢成長。

多樣化的主體相互影響,自行創造「東川風格」的共通價值,

衍生的生活型態,化為打動人心的引力。

前半部將介紹這樣的「微型經濟」生態系統。

Life &Work 「微型經濟」生態系統——以自然風格打造生活及社區

引言
Life & Work

乍看之下，「缺乏鐵道、國道、上水道這三道」[2]的東川町，並不適合人居住，似乎是個一無所有的「平凡」鄉下小鎮。然而，走在鎮上，與人們攀談、到咖啡廳喝杯咖啡、走進陳列高級商品的選品店瞧瞧，就會對這裡的優質生活文化大感驚奇。事實上，目前東川町的移入者，不僅來自北海道，更遍及海內外，將近二十年的期間，人口由1994年3月的6973人，到2015年的8105人，成長約14%。在大多數地方都是苦於人口減少、商店衰退，導致地方經濟蕭條的現況下，東川町卻穩健地持續發展。

在這座8000人口的鎮上，有六十幾家個性化小店、包括咖啡廳、餐廳、烘焙坊、商店、藝術工作室。與店長們對談後，得知他們重視的不只是經濟價值，而是更重視維持生活價值及經濟價值的良好平衡，在「Life（生活）」中「Work（工作）」的生活型態。在此稱為「Life & Work」。

人們把「Life & Work」的自然型態做為價值基準，各自經營的「微型經濟」產生連鎖反應，塑造出活化城鎮的豐饒生態系統。成了這座城鎮的「平凡」生活。

東川町於明治28年（1895年）開墾，以水田農業為基幹產業，並發展

2.鐵道指鐵路、上水道指自來水。

出「稻米、工藝及觀光之町」的標語。昭和60年（1985年），為了以文化發展鄉鎮，發表「寫真（攝影）之町」宣言。此後約三十年間，陸續舉辦「寫真之町東川獎」、「東川町國際攝影節」、全國高級中學攝影選拔賽「寫真甲子園」、「高中國際交流攝影節」。除了攝影相關活動，同時在「寫真之町」的相關條例中，揭示著「獎勵並推行打造拍出美照的風景及生活」、「由寫真帶動的區域發展」、「推動與國內外都市交流」等，不斷實施多樣化的方案。為具體表現「寫真之町」，由每位居民、團體、組織、社團自行打造「小鎮風景」。

近三十年間，在農業方面傾全鎮之力，將「東川米」品牌化、徹底實施品質管理。在工藝方面，由具備高度技術及品味的工藝師傅，創作引領時代潮流的家具及產品。在商業方面，則推動社區發展，鞏固城鎮根基，同時發展多種業態，造就更多元的生活。

於是，東川町在各個不同的領域，持續在錯誤中摸索與學習的過程，讓大家重新認識由人們一手培育而成的豐富區域資源與城鎮魅力，同時，持續醞釀更迷人的魅力與價值。此外，與來自海內外各地的一流攝影師、參加寫真甲子園的高中生、在各大領域挑戰顛峰的企業家及業界相關人士、專家交

流與合作，培養鎮民的感性、開明的個性與追求品質的品味。

　　鎮公所與這座城鎮、鎮民共同栽培出這樣的感性、性情及品味，並於2000年代後半，主導各種多樣化的特殊方案，如「新·結婚書約」、「新·出生證明書」、「東川股東制度」、「你的椅子」等代表方案，積極推動促進人口定居方案、創業補助制度。

　　2012年4月，「mont-bell大雪東川店」於道之驛[3]「道草館」旁邊開幕。這時，講究個人風格的咖啡廳、餐廳、烘焙坊、選品店也陸續開幕。宛如雜木林般，自然地在此各自扎根，抱著自己堅持的風格自生，相互影響，發展出「微型經濟」的生態系統。不僅使人口增加，更創造出各種「東川風格」的豐碩果實。

　　這些移住者們擁有什麼樣的生活價值呢？2015年，我們到來自滋賀的移住者家中拜訪。基地沒有圍牆、院子照顧得無微不至，壁爐使用大量木材升火取暖，在暖洋洋的房間裡，對於我們的意外來訪，他們相當寬容，並從容應對。牆上裝飾著許多孩子們畫的圖。可以窺見他們與家人共度的美好時光。這是任職於旭川市內醫院，三十世代物理治療師一家的「日常」。

　　這一家人的住宅，位於東川町土地開發公社分售的Green Village。在第三期分售計劃中，地價為519萬3000日圓（基地面積148.37坪），每坪單價3萬5000日圓。假設建築物造價為每坪50萬日圓，建造30坪的房子，差不多

3 類似高速公路旁的休息站。

2000萬日圓就能擁有自己的家。和東京都中心近郊的房價相比,可說是破盤價了。

　　這家人搬來之前,曾經造訪這裡好幾次,才決定遷入。他在距離東川町約30分鐘車程的旭川市中心工作,租了房子,由於父母的關係,暫時回到滋賀。不過,考慮未來的人生,終於決定移住。在東川,我們也很常看到先在這裡工作或活動,才決定移住的案例。有些人曾經在大都市生活,接觸了「東川風格」的生活價值後,重新檢視自己與家人的生活,才認真思考在東川度日,決心移住。移住者們都追求東川風格的「Life & Work」。

　　由居民、團體、企業及鎮公所等多樣化的主體,持續一步一腳印地經營市鎮,孕育出「東川風格」及「東川生活」這些共通生活價值的連鎖、增幅效應,同時在東川町醞釀出多樣化的「微型經濟」生態系統,並持續進化。本書前半的第一部,將介紹這些以自然風格打造生活及社區的「Life & Work」實踐者及生活者,他們的生活方式、商業模式、製造生產,縱觀8000人小鎮共創的Style,從中思考未來社會的價值基準(Standard)。

天然純粹的環境，追求道道地地的產品

CASE：具現東川生活風格的選品店 SALT

距鬧區稍遠的地方，有一座兩棟相連、外型時尚的建築物。在群木圍繞之下，木紋牆面宛如山中小屋，這裡就是選品店「SALT」兼老闆米山先生夫妻的住宅。

米山勝範先生於東川，長於東川。高中升學的時候離開小鎮，後來在札幌的服飾店工作，2008年，偕同在札幌結識的知美女士返鄉。移住之時，鎮上的店家和人口都比米山先生年幼時稀少，不過，米山先生表示，他更喜歡這樣的環境。

「即使這裡有大都市的元素，也不會吸引我。因為我想在大雪山的山腳下，自然環境依然豐富的地方，從零開始打造我們的生活。」

「當用品與環境連結，即可直接呈現它的魅力」

原本他在市區租房子，2013年才搬到現在這個有小森林的基地裡。建築物委由東京的景觀設計師朋友設計。住在這裡之後，他們又自行打造露台，慢慢整理

森林。知美女士也著手自己的家庭菜園。向附近有機栽培的農家購買蔬菜苗,自己種植。

清晨醒來,眼前即是美麗的森林景色。穿著家居服到菜園摘菜,享用早餐。要是夜裡下雪了,他們大清早就會去山上滑雪。

「SALT」就是生活的延長線。走進店裡,在動線流暢的清爽空間裡,陳列著衣物、雜貨、戶外用品。逛上一圈,你將會發現,每一件都是精挑細選的商品。

「我選的是符合這個地方的用品。當用品與環境結合,即可直接呈現它的魅力。舉例來說,在東川生活時,冬季一定要鏟除房子附近的積雪。因此,人們自然會穿上防水、防風又透氣的衣物。對我們來說,這間店裡賣的全都是實用的商品。」

同一件物品,在不同的環境下,也會帶來有不同的見解。在方便又舒適的東京都心生活,使用非必要的高機能戶外用品,似乎缺乏真實性。就這個層面來說,SALT賣的可是「道地」的用品。

除此之外,米山先生只跟擁有願景的品牌打交道。在札幌的服飾店工作時,他與廠商培養情誼。在相同的業界工作,他們都擁有同樣的觀點,意氣相投,一直維持好交情。

跟他們提起計劃在東川開SALT的時候,大家都覺得很有趣,紛紛舉手贊成。

於是他開了店,經銷起自己心愛的品牌。甚至還銷售一些在札幌跟旭川都沒有的品牌。

「製造商也會選擇自家商品的陳列地點。雖然大都市的銷量比較好,放在我們店裡的品牌,卻不會把銷量擺第一。正因為這個緣故,他們才能理解我的做法吧。」

澀谷和代官山才會出現的店,為什麼能開在北海道的小鎮?

木製露台僅夏季開放,可以在這裡享受森林浴。

SALT結合了東川的地利、米川先生夫妻的生活，並彙集一切值得信賴的品牌，展現自己的風格。在不知情的狀況下造訪此處的人，也許會覺得不可思議，澀谷和代官山才會出現的店，為什麼能開在北海道的小鎮？本以為東京都才會有這麼高雅的店，這裡卻顛覆了這個固有觀念。

由於SALT位於郊區，客人可不會順路經過，而是專程上門。不少客人會在假日租車，專程跑一趟東川，就是為了來SALT。在這樣的狀況下，米山先生更容易與顧客交流，仔細地傳達每一件商品背後，製作者的想法與故事。非但如此，為了遠道而來的客人，店裡甚至還設置櫃檯，販售飲料。天氣好的日子，可以在室外的木製露台待一會，放鬆一下。

「我們不打算擴大經營。只希望來訪的顧客能覺得這是一家好店，慢慢拓展知名度。只要抱著熱情，持續做下去，客人一定能明白我們的理念。要是這招不管用，開這家店也沒意思了。」

米山先生今天依然精神抖擻地站在店裡。

SALT也販售飲料。除了購物之外，真想在此久留，玩味空間。

多樣化的微型商業，奠定社區根基

CASE：絕不超出能力範圍的「Farmer's Café 風土」

　　養雞農家「Farm RERA」的新田家，於 2007年從稚內舉家搬遷至此。由憲先生立志種植有機稻米，為找尋適合的土地，最終來到東川。妻子美由紀（Miyuki）女士回憶當時的情形。

　　「決定移住的關鍵因素，應該是鎮公所的人設身處地與我們討論吧。像是北之住家設計社（P144），還有比我們早搬來的人們，最重要的是這裡的生活用水是高級地下水，這點深深吸引了我們。」

　　由於新田先生的孩子對食品添加物及環境化學品過敏，所以他們努力過著不造成身體負擔，依循自然的生活。

　　「養雞也是，原本是為了孵蛋給家人吃。所以Farm RERA的蛋比較類似饋贈親朋好友的感覺。」

　　養雞使用的飼料可不是進口玉米，而是東川的碎米或上川產的未達標小麥，只餵養嚴選食材。飼料的顏色會反映在蛋黃上，因此，Farm RERA的蛋黃，色澤比一般超市的雞蛋還淺。再加上採用平飼法，雞隻可以在小屋裡自由活動，不施

打生長激素及抗生素。由健壯雞隻產下的雞蛋，不僅有益健康，嚐起來也特別鮮美。

刻意不安排四人以上的座位

剛搬來的時候，新田先生為了替雞蛋取名字，製作夾報廣告，請鎮民幫忙命名。後來收到大約60封報名信函，從中選出「大雪雞蛋」這個名字。因為沒有通路，剛開始他逐一到鎮上的店家登門推銷，

如今，至少有六家餐廳跟他們直接簽約。也會出貨到旭川。

遷居一年後，他們在自家的基地內，開了「Farmer's Café 風土」。為了盡可能使用天然的素材，他們親手翻修原有的建築。餐點也儘量避免可能對身體有害的

左頁：「大雪雞蛋」也在東川、旭川的店鋪販售。｜右頁：「風土」離鬧區的車程約5分鐘。營業時間為11點～16點，售完為止。

31

物質，使用來源可靠的食材製作。最熱門的就是使用「大雪雞蛋」製作，滑嫩可口的半熟蛋包飯。儘管離鬧區有一段距離，營業時間還沒到，停車場經常就已大排長龍了。

「店裡由我一手張羅，經常要讓客人等候。真的很不好意思，可是我希望客人諒解，這裡是我們利用務農之餘，在能力所及的範圍開的一家店，請給我們多一點時間。」

同時，他們對於提供的餐點毫不妥協。為追求別處嚐不到的美味，回頭客不僅來自隔壁的旭川，還包括帶廣、札幌，甚

至遍及本州。有的客人為了避開熱門時期，特地選在人潮稀少的冬季光顧。

風土有11個內用座位。配合美由紀女士的工作空間，刻意不設置四人以上的座位。要是有客人堅持一定要四人以上的座位，她會遞上東川餐飲地圖（P120），介紹其他餐廳。

「有時候還會嚇到客人。（笑）」

「東川能包容多元文化」

美由紀女士稱他們的經營模式為「微型經濟」。

美由紀女士説：「感謝大家的關照，總算能在這裡扎根了。」

「比起擴大規模，賺大錢，我跟先生都傾向遵守我們的價值基準，在不勉強的範圍下發展事業。」

多元的微型經濟，強化了東川這個地區。這麼說倒不是否定大型經濟。新田先生也會跟附近的大規模農家交流，覺得他們也是重要的存在。

「我認為沒有孰好孰壞的問題，是在同一個區域，同時有各種大小不同的型態，這是一種理想的狀態。如同生物多樣性，即使有一方盛極一時，一定會面臨極限，跟不上時代的變遷。就這一點來說，東川是個能包容多元文化的地方。」

對於帶著一窩雞，移住此地的新田一家，當地人的態度可謂十分寬容。不干涉，也不打擾，卻不會漠不關心。這種恰到好處的距離感，讓以自我風格創業的新田一家感到十分慶幸。

美由紀女士表示：「希望我們能成為東川多元的其中之一。」2015年起，Farm RERA終於展開期待已久的種米工作。在眼睛看得見的小小範圍裡，提供讓人安心的產品。如今，他們仍然每天都在摸索，認同他們的生活、工作方式的人們，今天也會蒞臨這家店。

蛋包飯以東川產番茄製成的番茄汁烹煮米飯，佐以大量「大雪雞蛋」的夢幻逸品。

STANDARD 3

「在農地裡創業」孕育最高品質

CASE：與世界一流接軌的「yoshinori coffee」

「yoshinori coffee」位於廣闊的田園景色之中。這家店開幕於2015年春天。原本是農家的倉庫，翻修之後成了店鋪兼自宅。以自家烘焙咖啡豆沖泡的咖啡，有著令人讚嘆的宜人香氣，以及濃郁渾厚的口感。在農地正中央竟能嚐到這麼美味的咖啡，實在是太驚人了。

老闆彎田紗世女士與老公芳範先生，原本住在旭川，東川是他們經常駕車出遊的地點。據說他們路過的時候，正好發現這間房子出售中，於是靈機一動，「可以在這裡開店」。推了他們一把的是東川的地下水，含有均衡礦物質，最適合沖泡咖啡。

老公是烘豆師，老婆是老闆兼咖啡吧台師傅

烘豆是芳範先生的興趣。「老公是凡事都要追求極致的人。我們結婚的時候，他

正好迷上烘豆，訂婚時竟然送烘豆機當回禮（笑）。剛開始，我們把喝不完的豆子拿去市集賣，在口耳相傳之下，開始接訂單，真的沒想到最後竟然開店了。」

yoshinori coffee提供的是「精品咖啡（Specialty Coffee）」，達成一定評價基準的咖啡。之所以能提供優質的咖啡，乃是由於芳範先生處於業界的尖端。

「總之，要是沒進入核心層級，就得不到情報。所以每次咖啡協會開會或研習，

都要跑一趟東京。現在，在東京一級戰區提供精品咖啡的老闆，我大概都認識。」

芳範先生如是說，其實他是在旭川工作的上班族，假日在店裡幫忙，經營則全都交給紗世女士。開店之際，紗世女士說：「既然要做，就要做到最好。」報名知名咖啡吧台師傅的課程。

左頁：用據說是頂級的德國經典烘豆機烘焙。｜右頁・左上、下：自家烘焙咖啡豆也會賣給其他業者。｜右：芳範先生假日就成了烘豆師。

「我們的豆子跟上過雜誌、書籍的知名咖啡大師（Coffee Meister）一樣，店裡也有跟原宿熱門咖啡廳一樣的烘豆機。田地中央竟然有這些東西，大家也許覺得不可思議吧，既然要賣咖啡，我就要做正統的咖啡。」

從地球另一頭進口頂級咖啡豆

走進「yoshinori coffee」就能看見櫃檯後方，是一家人的客廳。沒有隔間的設計，烘豆機的熱效率較佳，空間也沒有壓迫感，還能省下建築成本，因此，在設計時，乾脆讓店面與住家合而為一。芳範先生表示：「過去商店街的店鋪，後面就是生活空間。差不多是那樣的感覺吧。」紗世女士剛看到設計圖的時候，甚至懷疑自己是不是看錯了。

「一般來說，店面會跟私人空間隔開。我完全沒辦法想像現實中會有這樣的設計。而且女兒才剛出生，坦白說，我很不放心。」

沒想到開始生活之後，很快就習慣了。除了房子的設計，這裡的農家也多，在大家的協助之下，越來越有家的感覺了。

「附近農家的牽引機，一定要經過我

店就在田中央，景色非常好。一邊眺望大雪山連峰，一邊飲用咖啡，別有一番滋味。

們家的基地，才能進入自己的田。放任他們自由出入，久而久之，我們也越來越不介意了。」

此外，就近看到農家在田裡工作的模樣，還能提升對咖啡豆的想像力。yoshinori coffee與外國農家直接簽約，採用直接貿易（Direct Trade）咖啡豆。地球另一頭的咖啡豆農家，是抱著什麼心情栽培芳範先生口中的「世界頂級咖啡豆」呢？想像這些事，就能振奮自己開店的心情。

自從移住之後，紗世女士悄悄記下每個日子的大小事。

「這樣的人生完全超乎我的預料，所以才想紀錄下來（笑）。老實說，我很怕青蛙……。雖然有不少辛苦的事，這裡的風景美，空氣又新鮮。光是待在這裡，就覺得很舒爽。待在這樣的環境，每一天應該都很平靜吧。」

在人生地不熟的移住生活、店鋪經營、育兒生活之中，紗世女士取得完美的平衡。

每天夜裡，孩子入睡後，兩人總會討論未來的計劃。他們計劃在十年後，將自家的空間改成開放式的交誼廳。空間再度重生的可能性，依然大有可為。

櫃檯後方是自家空間。地板和梁柱維持農家倉庫的原狀。

STANDARD 4

大自然促成的「與自然共生」

CASE：Nomado 的公休日是「不特定的平常日」

「Nomado」的老闆──小畑吾郎先生是旭川市人。大約在五年前的某一天，住在札幌的小畑先生來爬山，住在高中就結識的朋友──「SALT」的米山勝範先生（P26）家。

當時的SALT還沒搬到現址。大馬路的對面，有一棟掛著「日立電視」大招牌的屋子，小畑先生站在窗口，茫然地盯著它。

「當時，朋友告訴我，眼前的房子是空屋。」

小畑先生過去曾經在餐廳、藝廊、花店等地方工作，心裡一直有開咖啡廳的念頭。他也慢慢購買所需設備及餐具，不過，卻一直無心在札幌開店。另一方面，他熱愛登山、釣魚與滑雪，經常來東川玩。

「我希望東川能有個地方，供志趣相投的同好集會。可以放鬆地休息，還能吃個便餐，當時正好沒有這樣的店。所以我才想，我自己來開吧。」

2011年，Nomado開幕。牆邊排著小畑先生蒐藏的古董滑雪板，窗邊則堆著柴薪。舒適的沙發區，則擺著自由取閱的書

本與雜誌。店裡也販賣雜貨。乍看之下，可能搞不清楚這是什麼店，不過一切都以小畑先生的品味DIY（Do it yourself的縮寫。自己動手做）而成，風格統一，十分舒服。他只決定營業時間從十二點開始，食材用完就打烊。公休日是「不特定的平常日」。

「剛開始，我有決定營業時間，後來放棄了。因為來客數很不穩定，要抓人數準備食材，實在很難。」

雖然沒有特別宣傳，不過Nomado的餐點幾乎不使用化學調味料。使用當天早上在店裡碾的米。提早打烊的原因則是堅持「不用庫存舊米煮飯」。

鎮民也能理解小畑先生的節奏，每次去Nomado的時候，都做好可能已經打烊的心理準備。沒開就算了。這樣的悠閒節奏，也是Nomado的魅力。

左頁：小畑先生說：「東川的魅力在於尚未觀光化。」他也曾經招攬職業滑雪手，舉辦活動。 | 右頁：小畑先生蒐藏的滑雪板。

「『沒有』的可貴。『沒有』的感覺也不賴哦」

「在東川，有很多買不到的東西，像是我在DIY的時候，有時候會想『要是有這個尺寸的螺絲就好了』，可是買不到。這種『沒有』的感覺，其實也不賴。比起什麼都有的方便，反而有更多的可能。」

此外，『沒有』才不會亂花錢。雖然會把錢花在自己有興趣的戶外活動上，平常幾乎不買東西，也不會外食。頂多只能花些汽油錢。

「這不是一個無所不能的地方，刪除一些多餘的選項之後，只剩下其他充實的選項。我從以前就一直想過現在這種簡單的生活。」

每天傍晚，小畑先生都會去附近的河畔釣魚。冬天一大早則會先去滑雪，再回來開店。這天早上去採了香菇。就這樣，每天在大自然之中，盡情享受自己的生活。

從「大自然一部分」的觀點，找到自己的天職

CASE：成為美食記者的設計師——尾崎滿範先生

設計師尾崎滿範先生，於2002年將整間公司從旭川市搬到東川町。他是北海道紋別市人。也就是在從前人們口中「『阿信』那種家裡」長大，所以尾崎先生最喜歡鄉下了。移住之前，他從事與地方政府有關的工作，製作觀光旅遊手冊，對鄉下充滿感情。有一天，客戶對他說：「你絕對會喜歡住在這個地方。」把他帶到東川的廢棄屋。那是殘雪未融的季節，一望無際的天空中，大雪山連峰清晰可見，山腳下則是綿延不斷的田地。他的確心動了。

不過，他並未立刻決定。把設計公司的事務所開在鄉下，未免缺乏說服力。「遞名片的時候，我能不能抬頭挺胸呢……。」苦惱多時，最後讓他決定搬遷的，是這裡的水質。

「比起消毒過的自來水，東川的伏流水對身體更好。這也是因為我從小就無法接受化學調味料跟添加物，體質無法接受化學物質。冷凍食品跟超商便當就別說了，就連學校的營養午餐，我吃了都會覺得想吐。我也很怕不新鮮的蔬菜，一直很討厭超市蔬菜的味道。即使長大成人，在吃這件事，還是吃了不少苦頭。」

為取得自己敢吃的食材，尾崎先生一直

希望擁有自己的田地。現在自家隔壁就是他的田，收割的蔬菜就成了他每天的菜餚。白米直接向減農藥的農家購買，味噌湯的味噌是自己種的黃豆以及東川手工味噌廠的麴菌，由太太親手製作。

「剛來的時候，我健康檢查的結果，包含血壓在內，大概有五個要注意的項目。不到十年光景，全都恢復正常值，讓我深刻體會吃有多重要。」

移住之後，遇見天職

至於他擔心的工作，除了設計的老本行，他還遇上美食記者這個天職。北海道新聞旭川分社每週發行的免費報，請他負責介紹餐廳，連載報導一直持續到現在。

「我介紹餐廳的標準，在於我敢不敢吃。我會親自前往，用自己的味蕾挑選。有些認真的店家，不管多辛苦，都不會向食材及調理方式妥協，我會抱著支持的心情，寫下關於他們的報導。」

他的連載博得好評。尾崎先生介紹過的店，全都門庭若市，讓他們開心地抱怨，快忙不過來了。

在尾崎先生眼裡，東川的餐廳水準相當高。客人也很期待東川的水準，要是開了一家會用冷凍食品的店，不到一年就倒了。

如今，尾崎先生已經造訪一千多家餐廳，自家公司也發行《kutta》這份免費報

左頁：設計事務所的位置極佳。| 右頁：尾崎先生在130坪的田裡，種植60種農作物。對食材的堅持，培養美食記者的功力。

紙，介紹他精挑細選的餐廳。也有人邀請他演講或辦理座談會，逐漸發展美食記者的才華。

「置身於東川的自然環境，才能相信表裡如一的生活方式。因為自然界可沒有『虛偽』的東西呢。所以，我也會採取自然的行動。毫不猶豫地走上我堅信能帶給人們歡樂的那條路，這才是我該發揮所長的地方。」

有別於移住前的不安，如今，尾崎先生以名片上的東川住址為傲。

STANDARD 6
「邊境創業」催生社區共創

CASE：田園 & 路面的飯糰店「茶店」，把區域捏成一塊

在小鎮的大街旁，有家早上7點30分（夏季、冬季為8點）開始營業的飯糰店「茶店」，對於不少通勤上班族及忙碌主婦來說，是十分方便的一家店。一顆顆用心捏製的飯糰，使用東川產的高級糙米，既好吃又營養。

這裡的店長是千葉紘子女士。茶店原本開在旭川市中心，當時的店長是千葉女士的嬸嬸。搬遷的緣由乃是在四年前，他們在東川的一角開了分店。千葉女士回

憶當時的情況。

「我們在旭川周邊的每一個地區，尋找賣飯糰的地方。由於東川道草館非常親切，才決定在這裡開店。坦白說，我們當時還不知道東川是這麼棒的地方。」

到分店工作之後，千葉女士這才發現東川的環境條件很好，心想著總有一天「要在這裡捏飯糰」。東川水田裡的水，全都是來自大雪山的伏流水。使用潔淨、富含礦物質的水栽培的稻米，再用同樣的大

雪山伏流水烹煮。用真心將熱騰騰的米飯捏成最美味的飯糰。

千葉女士表示，以前在旭川開店的時候，就能感受到東川的影響力。

「像是我們參加旭川的市集時，儘管我們的總店位於旭川，還是有許多顧客主動跟我們搭訕，說：『你們是東川的茶店吧』。」

在旭川人的心裡，也許茶店已經是「東川品牌」了。如今，這個品牌已經逐漸擴散到整個北海道。

左頁：在清新的空氣裡，大口咬下現做飯糰，真是奢侈。｜右頁：糙米飯糰混入白米，香軟好入口。

「稻米的成長帶來力量，再把它捏成飯糰」

2014年4月，千葉女士一家終於正式移居東川，飯糰店也在自家的基地重新開幕。

「對我們一家人來說，搬家是一個重大的決定。為的是東川的田園風景，還有願意光臨的顧客。」

目前，茶店除了店面之外，還會出貨給道草館及旭川市內的各大設施。

千葉女士說：「東川有許多美味的食物。」糙米直接向東川的契作農家進貨，飯糰的內餡也盡可能採用當地的產品。

除此之外，還有包進一整顆「Farm RERA」(P30)「大雪雞蛋」的「半熟蛋飯糰」，或是使用「讚岐烏龍 千幸」(P52)自製佃煮[4]的「千幸家的佃煮飯糰」等，還有各種與鎮上餐廳共同合作的商品。在這家店裡，自然而然催生了社區共創。

「每天看到周邊田裡稻米的成長，為我帶來力量，我覺得我們也要好好加油。看到農民認真努力的工作情景，我對稻米的愛就更深刻了。心裡也期待明年的收成。」

從茶店的院子裡即可環顧農家的稻田，坐在椅子上，大口咬下剛買的飯糰，品嚐地產地消[5]的極致滋味。

4 以醬油及砂糖熬煮的小魚、貝類或海帶。
5. 在生產地消費。

「一起 DIY」培育出社區的第三空間

CASE：大馬路旁的咖啡廳——「Roaster Coaster」的卡爾先生

　　東川人聲特別鼎沸的大馬路上，鎮立日語學校對面，有一間咖啡廳「Roaster Coaster」。店長卡爾先生來自英國的小村莊。第一次造訪時，他便愛上日本，在祖國取得英語教師證之後，再度來訪。在東京經營英語會話教室時，認識現在的老婆，隨後結婚。趁著孩子誕生的機會，搬到風情與英國相似的北海道。

　　找工作的時候，卡爾先生並未鎖定特定的地區，所以他到旭川的教育委員會工作。

　　在旭川教兒童英語時，這下輪到太太決定到東川町觀光協會就職，於是搬到東川。那陣子，他過著到外地通勤的生活。

　　不久，朋友問他要不要頂下自己的店面，開咖啡廳。卡爾先生便毫不猶豫地辭去工作。

　　當時店面的翻修尚未完成，他呼朋引伴，一起DIY完成。

　　「這叫做『work party』（與工作有關的聚會），大家一起吃吃喝喝，聚會順便DIY。比起純粹來幫忙，這樣好玩多了。」

　　雖然在東川提供自家烘焙的咖啡，可

以採用提高價位，以觀光客為主的做法。不過，卡爾先生為了方便鎮民隨時來訪，反而是盡量壓低了價格。結果，在淡季仍然門庭若市。客人們只要點杯咖啡，搭配一些小點心，便能開心地聊上好幾個小時。

「咖啡是每天都要喝的飲料。不少人會在離開的時候，順便帶一包咖啡豆。」

咖啡豆以當地命名，像是「旭岳」或「2291」（旭岳標高）。包裝由住在倫敦的表兄弟設計，或是卡爾先生根據東川或北海道印象，自行設計，別緻高雅。最近也會賣給鎮外的飯店或咖啡廳，並努力開發新推出的義大利麵。

此外，Roaster Coaster也會定期舉辦音樂現場表演、脫口秀或個展。儼然已經是鎮民的第三空間了（非住家亦非職場的去處）。

左頁：當地居民喜愛的咖啡廳。以當地命名的咖啡也大受好評。｜右頁：開朗又好聊的卡爾先生。日語也說得很溜。

「還有」英語教室

Roaster Coaster店面共有兩個樓層，卡爾先生同時在二樓經營另一份事業，開設英語教室。以前在旭川工作的時候，他就會借用道草館二樓的公共場所，假日開班授課。

「當時有25個學生，對他們來說，教室只是換了個地點。萬一咖啡廳生意不好，至少還有一個英語教室，這樣一想，心裡踏實多了。」

目前，英語教室每週開放四天，提供一對一或小班制等各種型態。身兼二職的日子，相當忙碌，要是發生什麼狀況，也能立刻轉換跑道，他認為這是很好的距離。

卡爾先生表示：「剛開始，我完全沒計劃。」不管人在何方，都能順應環境，想辦法活下去。不管是店裡的同事、顧客，還是來上課的學生，鎮民們都很喜歡溫柔大方的卡爾先生。

STANDARD 8

專心一致的自我風格，比效率更重要

CASE：用心對待每一塊麵包，「DEMETER」烘焙坊

　　東川的西北角，有一家宛如從繪本裡走出來的商店。那是澤田夢子女士烘焙手工麵包及甜點的「DEMETER」。

　　澤田女士就讀國中時，搬到母親位於東川的娘家。當時，她已經決定未來要從事餐飲工作，自行創業。高中畢業後，她進入東京的甜點專門學校，隨後赴法國諾曼第的甜點店實習一年。在千葉累積實務經驗後返鄉，大約十年前，成為「北之住宅設計社」的烘焙坊策劃員工。累積

經驗後，終於在2008年，在自家基地蓋了她夢想中的店。「有人說：『在旭川當業務不是比較好嗎？』不過我覺得這裡比較好。我想開一家能讓熟識的鄰居、家人、親戚、親朋好友都開心的店。而且隔壁一大片都是母親她們的有機栽培農地。我想使用現摘的當令食材。」

　　DEMETER的推薦商品，就是番茄乾佛卡夏、藍莓貝果等，使用農地食材製作的麵包。

46

澤田女士以前在東京及札幌的時候，便覺得自己無法融入都會生活。偶爾在東京逗留的時候，連用自來水沖澡都會害她長濕疹。

「當時，我再次體認東川的生活，地下水及近在眼前的自家栽培農地，真的是難能可貴的一件事，我也確信我心目中的舒適生活環境及美味食材都在東川。」

<u>即使難以傳達，仍然要花心思及時間</u>

店裡的麵包食譜，全都是她自行構思的獨門祕方。完全不使用對身體有害的素材，依麵包種類使用7～8種不同的麵粉。除此之外，使用自家栽培農地整年收成的蔬菜、香草及莓果，親自處理、加工，製成麵包的材料。雖然使用市售的加工品，更快、更有效率，不過，她卻不肯這麼做。

「堅持細節、專心一致，光看麵包，也許看不出背後的辛勞吧。儘管如此，我仍然認為DEMETER的麵包，必須用全心全意製作。」

在生活中的每一個日子，她總是細心製作，推出美味又安心的麵包。她認為小規模就好，所以，她從不打廣告。

不過，澤田女士持續每個月都會撰寫《DEMETER通訊》，把自己的堅持製成A4尺寸的小手冊。它就放在收銀台旁邊，閱讀後即可知道她製作麵包的誠懇

左頁：熱門商品是吐司與水果麵包。還有不少顧客從外地前來購買。｜右頁：澤田女士表示，開幕時的不安，如今已經一掃而空。

態度。此外，她還會用書信體，在社群網站報告近況，拉近與顧客之間的距離。

DEMETER開幕當初，東川幾乎沒有麵包店。不過，現在已經有好幾家了。澤田女士認為這個情況「很幸運」。

「其他家麵包店有我們家沒有的麵包，所以我可以毫無顧忌地專注自己的路線。客人有更多選擇，一定更開心吧。」

澤田女士的麵包是硬質麵包，口感比較扎實，仔細咀嚼更越能吃出它的滋味。在真實、不矯飾的生活中，全力全意製作，也能反映在麵包的滋味上。

小我利益發展為眾人利益

CASE：前職業滑雪板選手·山域嚮導中川伸也先生

東川位於北海道最高峰——旭岳的山腳下，也是日本屈指可數的冬季運動勝地。中川伸也先生曾為知名職業滑雪板選手，受到高山的誘惑，2011年自札幌移居此地。

起因是他曾擔任短期自然保護監視員，在旭岳工作了半年的時間。

「我結識不少住在東川，年紀相仿的好朋友。大家都喜歡滑雪板跟登山，心靈與我相近。跟他們相處的時候，我開始覺得

東川是一個有趣的地方。」

正式決定從事嚮導工作之後，正好碰上結婚的時間點，自從有了「住在這吧」的念頭，一切都很順利。搬過來之後，中川先生成立嚮導服務「Natures」，夏季提供登山嚮導，冬季則帶人到偏遠地區，在大自然的山裡滑雪。

滑雪板是他大學以來的興趣。他愛上偏遠地區，經常到海內外的雪山滑雪，拍下不少照片及影片。也曾經躍上專門雜

誌的封面,為運動用品拍攝宣傳影片,因
此,在滑雪板界小有名氣。現在仍然有不
少運動品牌提供贊助。

讓東川成為戶外運動的城鎮

中川先生在東川登山的期間,萌生了想
翻修部分「Canmore Ski Village」滑雪場
的念頭。

「滑雪板有一種在雪道『斜坡』滑直線
的玩法。我一直在想『要是能把那個地方
整修好,這個滑雪場一定更好玩。』」

有一回,東川振興公社大力整頓滑雪
場,中川先生則以志工的身分加入,並提
出申請,希望能順便修復他一直很想整
理的部分。於是,他與意氣相投的同伴,
共同拓寬了部分滑雪場。

「振興公社也放任我們處理,真的很了
不起⋯⋯。所以我們可以滑去年辦不到
的滑法,來玩滑雪板和滑雪的孩子們,也
覺得更好玩了。」

中川先生有個四歲的孩子。如同他自
己的願望,他也希望東川的孩子們,能在
滑雪場留下更多美好的回憶。「話雖然
這麼講,不過最想滑的其實是我們這幫人
(笑)。」

由於中川先生長年待在業界中心,在戶
外運動領域擁有非常大的影響力。2013
年,鎮民開始舉辦「東川戶外運動節」
(P134),中川先生也參與規劃,促成許
多戶外運動品牌共襄盛舉。

左頁:在偏遠地區滑行的中川先生。| 右頁:中
川先生表示,「希望能帶動戶外運動,讓它成為東
川的文化」。

「如果能以戶外活動領域,帶動東川
的觀光產業,我也會覺得很開心。如果
能持續舉辦活動,也許戶外運動能跟攝
影一樣,成為東川的文化。真希望可以實
現。」

中川先生與深愛登山的同伴們,共同為
東川的戶外活動文化帶來生機。

企業自行傳遞「小鎮風格」，耕耘品牌

CASE：與當地嚮導共同開發產品的製襪商「YAMAtune」

「鬆垮垮的襪子，是我們的寶貝。」

毛衣常青品牌「YAMAtune」大雪山店店長橫山昌和先生如是說。橫山先生愛護有加地蒐藏那些舊襪子。這是因為他們請當地的山域嚮導試用，研發商品。

1963年創業的公司，於2013年推出「YAMAtune」這個全新的襪子品牌。與機械廠商攜手開發，襪子的腳後跟處採用立體織法，針對機能性的戶外活動或運動、健康等領域，推出的特殊襪。

沒想到成立品牌，竟然是從零開始的挑戰。他們的目標是奪下北海道的市佔率冠軍寶座。要是商品能耐過冬季嚴寒的環境，博得好評，應該能成為全日本，甚至是全世界通用的品牌。橫山先生親自前往北海道的登山用品社，推銷剛開發的商品。然而，襪子賣場早就被外國的知名品牌佔領，已經沒有卡位的空間。

「我們一直被拒絕，希望我們打響知名度再去推銷，都不知道該怎麼走下去

了。」

他對自家產品充滿信心，現在只缺響亮名氣跟成績，產品絕對不會比別人差。不如直接讓顧客感受自家產品的品質。這個念頭，促使他們開設實驗商店。他們找遍北海道各大地區，最後選定東川落腳。「選擇戶外活動的聖地──二世谷，或是以商業立場來說，札幌也比較妥當。不過，在市調的過程中，我們認為非東川莫屬。」

原因是戶外運動品牌mont-bell在此展店，看來這裡有一定的需求。更重要的是當地的山域嚮導。

「他們深愛山岳，已經在當地扎根。每天都背負著客人的安全與性命上山，冬天還要置身於零下30℃的嚴苛環境。由於東川是『自然真實』的環境，才有『真本領』的人才。如果我們只想做短期生意，當然應該把店開在人口比較多的地方。不過，我們想在這樣的東川，培育我們的品牌。」

實際上，東川十分適合商品研發。山域嚮導們穿著YAMAtune的襪子上山，襪子破了，就拿回店裡回報。橫山先生會詳細詢問使用次數及使用時的情況，累積資料，持續改良商品。

比起商品，型錄更想呈現東川小鎮

他們在2014年開幕，不久，橫山先生便製作YAMAtune的型錄《The Socks

左頁：YAMAtune 的襪子。 | 右頁：型錄的所有工作人員，包括設計師、攝影師，全都住在東川。還有英語翻譯，獲得海外人士好評。

Journal》。封面是大雪山的剪影，翻開型錄，內容都是冬季登山報導或是以東川為舞台的時尚街拍。僅用後半部幾頁篇幅介紹商品。

「我們想用型錄呈現的，並不是商品，而是YAMAtune所在的東川小鎮。因為這裡的環境，正代表著我們的品牌。」

隨著時日流逝，越來越多外地的客人造訪YAMAtune。橫山先生的挑戰，才剛開始。

移住者的生意
促使「小鎮文化」多元發展

CASE：讓烏龍麵及書法文化深入小鎮的「千幸」

　　每到東川的午餐時間，「讚岐烏龍 千幸」總是大排長龍，這已是當地人習以為常的光景。老闆是4年前從札幌舉家遷入的大波彰紘先生。

　　「我一直很憧憬鄉下的生活。而且我想讓孩子在豐富的自然環境之中成長，為他們打造一座故鄉。東川完全符合我的心願。」

　　彰紘先生藉著移住的機會，告別朝九晚五的上班族人生，找工作都成問題，不過他想：「不如趁這個機會，來做點生意吧。」於是開了一間他一直很喜歡的烏龍麵店。「北海道有很多拉麵店和蕎麥麵店。要是殺進這片紅海，大概會很辛苦吧。不過北海道幾乎沒有烏龍麵店，也許可以試試看。現在回想起來，真的是一大挑戰。可是我當時根本沒有冷靜觀察環境的餘力了（笑）。」

　　他以前從沒做過烏龍麵，不過，他到正統的香川及札幌練習手打麵工夫。將嶄新的飲食文化，帶進幾乎沒有烏龍麵文化的東川。

　　結果來客數超乎他的期待。「我們原本預期一天只有幾個客人就能維持下去，

剛開始，我甚至對大家有點抱歉，『這樣真的好嗎？』不管是製作烏龍麵還是經營店面，我們還有許多不成熟的地方。對於顧客，我們只能感謝再感謝了。」

烏龍麵的材料很簡單。小麥、鹽巴還有水。小麥跟鹽巴都是嚴格挑選的上等好貨，再用東川富含礦物質的天然地下水揉製。彈牙有嚼勁的麵條，搭配以天然水烹煮的小魚乾高湯享用。

千幸的烏龍麵基於「希望客人吃飽飽」的服務精神，分量十足。即使是搭配天婦羅的套餐，也不到1000日圓，CP值非常高。

為了照顧小孩，只在午餐時間營業，來自旭川的回頭客卻源源不絕。彰紘先生已經認得好幾個客人了。2012年，與「田舍蕎麥 Tachibana」、「居酒屋 利尻」一起獲得《米其林指南北海道2012 RESTAURANTS & HOTELS》介紹的殊榮。

「每天都投注我所有的精力，不過，還有許多應該精進的部分。希望能打出更好吃、更美味的烏龍麵。也想製作讓人為之驚豔的湯汁。」

大波先生謙虛地講述永無止境的向上心。

左頁：千幸的讚岐烏龍，分量十足。｜右頁：每週一回，店門口會掛上書法教室的招牌。店裡還掛著孩子們的書法作品。

每週還有一堂書法教室

夫人千幸女士除了打理店內事務，自2013年起，招攬當地的國中、小學生，開設書法教室。起因是長年指導千幸女士書法的祖父去世。她想把從祖父那裡承襲的美好書法，傳承給下一代。抱著這個念頭，千幸女士會在打烊的店裡，每週開課一次，指導小朋友寫書法。烏龍麵店營業的時候，也會把孩子們寫的作品貼在用餐區的牆上，呈現居家氣息。

不管是烏龍麵，還是書法，都是過去東川沒有的事物。移住者的事業為小鎮文化帶來更多元的文化。

活得再老都有事可做，孕育豐饒小鎮

CASE：屆齡退休後移住的夫妻，香川芳見先生、登美子女士

香川芳見先生、登美子女士夫妻兩人，自2008年起，住進東川的分售住宅區「Green Village」（P96）。

芳見先生屆齡退休後，移住此地。原本住在旭川市的都會區，不過他想找一個安心養老的地方。

決定搬到東川，是登美子女士的主意。她想在自家院子打造一座小花圃或小菜園。這時，她正好看到東川分售住宅區「Green Village」的廣告，這裡的理念是「與綠意共同發展的街道」。

「讓居民主導社區發展，我十分贊同這個理念。親自跑一趟之後，我更愛上了可以遠眺大雪山連峰的水田山色。」

另一方面，退休前在國中小學擔任教職員的芳見先生，心裡則感到不安。

「男人退休後，突然沒了工作，時間多到不知道該怎麼打發。剛開始，我也不知道該怎麼生活。」

然而，想在東川找到興趣，從來都不是一件難事。首先，這裡可是「寫真之町」，所以他開始攝影。被攝體則是登美子女士種在院子裡的花草與東川的風景。後來，他開始寫部落格，上傳他拍的照片。後來認識美國朋友，教他英語俳句，於是他也學起英語俳句，跟照片一起上傳到

網路。長期下來，北海道以外的人士也會留言。

「我實在太沉迷了，整天都黏在電腦前面，眼睛好痠哦。最近真的沒辦法那麼熱衷了（笑）。」

在這段期間，住在同一地區的朋友邀請他到小學或親子朗讀會，為大家朗讀繪本。說不定能發揮自己以前當教職員的經驗吧，挑戰過後，他發現這是一件有趣的工作。後來，他也接下鎮民援助者的工作，與長期住在東川的日語研習生練習日常對話。

「我過去的興趣都是為了滿足自己，不過，為了某人做某些事，讓我獲得截然不同的充實感。如今，那些來聽我朗讀的孩子，他們的笑容成了我活著的意義。」

左頁：夫妻倆笑著説：「搬到 Green Village 真是太好了。」| 右頁：芳見先生的部落格，搭配美麗的照片，結果成了東川的另類宣傳。

身處四季皆美的自然中

這是兩人某天的作息。早上起床後，去院子的菜園摘菜。把它煮成早餐享用，登美子女士前往旭川，參加網球社團活動。芳見先生則用收音機聽英語，打掃家裡，接下來去朗讀書籍，或是寫部落格。等到登美子女士回家後，兩人共進午餐。芳見先生午睡半小時，天氣好的話，沿著忠別川畔的專用道，騎兩個小時自行車。登美子女士則在院子裡，忙著整理花圃或菜園。

芳見先生表示，「東川的四季皆美」。

「初春時分，河畔柳樹萌發黃綠色嫩芽。秋天，水田散發金黃色的光輝；冬季，則用廣角鏡頭拍下雪景，就能拍下大得出奇的遼闊世界。」

初夏，正是登美子女士庭院的賞花期。「尤其是6月，百花齊放，真的很漂亮哦。她一直自行摸索，從錯誤中學習，最近終於才達成她滿意的型態。」

兒女每年都會帶孫子來玩幾回。看著孫子在田裡開心收割，也是他們最珍貴的時刻。

自豪的地點凝聚人潮，培養出城鎮的基準

CASE：兩代傳承的當地名店「居酒屋 利尻」

在相當於東川玄關的「道草館」後方，有一棟融入小鎮自然景色的北歐風格木造建築。那是「居酒屋 利尻」。

「我想打造一間值得東川自豪的居酒屋。」

現任商工會會長濱邊啓先生（P116）及「北之住宅設計社」的代表渡邊恭延先生（P146）等人，大約在二十年前，接獲中竹昭實女士提出的請求。

昭實女士一家原本經營魚店。由於老闆英年早逝，昭實女士為了撫養兒女，開了一家掛著紅燈籠的小酒店。濱邊先生他們以前是老闆的好朋友，於是熱切地告訴昭實女士：「小鎮的中心，需要一家能體現東川風格的店。」

全新的建築，交由北之住宅設計社著手設計，聽說是由濱邊先生等4～5個好朋友，一起幫忙準備開店。在他們三番兩次的說服之下，昭實女士這才放下心上的大石頭。於是，1997年，大家共同打造的「居酒屋 利尻」誕生了。

「突然多了一棟時尚的建築物，座位也是以前的3倍，還背了貸款，坦白說，我很不安。後來，我可是拚了老命討生活。不過，有了先生的朋友大力支持，還有鎮上每個人的幫忙，總算熬過來了。」

利尻落成的時候，兒子英仁先生還在讀大學。他希望將來自己開一家餐廳，畢業後，在札幌的餐廳工作。29歲的某一天，他接到母親的來電。「即使我繼續做下去，這家店也不會更好了。」母親認為現在正是交棒的時機，於是英仁先生立刻同意了。

「我一直看著母親辛苦工作的模樣，早就下定決心，要是出了什麼狀況，我就回家。」

不趕流行，享用美味的當令食材

返鄉的英仁先生開始學習招待客人、採購、處理鮮魚，不久，他發現「利尻」這個地方的意義。

左頁：北歐風格的木造店鋪，由北之住宅設計社設計。│右頁：小老闆中竹英仁先生。在30歲之前返鄉，繼承店面。

「當地的老客人跟親戚沒兩樣，每一季都有人從大老遠的地方過來。即使我在大城市開了一家好店，我想很快就會埋沒了吧。因為這裡是東川，才能跟客人建立起良好的人際關係。」

在東川問大家推薦什麼店家，很多人都回答「利尻」。每天的訂位幾乎都是額滿。原因在於英仁先生及主廚直山秀一先生，他們對料理有著與眾不同的堅持。

「我們不會標新立異，只想知道我們有多少能耐，把那些理所當然的事做得更好。我們從不趕流行，只希望客人能用更簡單的方式，品嚐當令的美味食材。」

利尻會從訂位狀況，預測隔天的出餐數量，將食材進貨量降到最低限度，永遠只用新鮮的食材。鮮魚則是向前老闆的朋友——旭川的魚店採買。雖然旭川位於北海道的內陸，卻聚集了東南西北的新鮮魚貨。因為客人上門，才能運用鮮度高的食材，於是客人又會繼續上門，形成良性循環。

最近，店裡也多了英仁先生的朋友，天南地北地聊著自己的生活、東川的未來。把對當地的感情傳承給下一代，對鎮民來說，利尻已經成了不可或缺的「地點」。

豐富的自然環境，提升創造力

CASE：工藝創作者 Zubiyaku 早見賢二先生

「今天的旭岳也一覽無遺。」

木工創作者早見賢二先生每天都從家裡仰望山色。

住在旭川市的早見先生，大約在30年前，找到農家的空屋做為自己的創作空間。他的條件是要有大自然圍繞、能當藝術工作室使用的倉庫、可以眺望旭岳。

「每片土地都有故鄉的山，像是富士山或筑波山之類的。因為我住在上川中央（以旭川市為中心的1市8町地區），所以我想非得看見旭岳不可。」

現在的房子，院子就有湧泉，可說是超乎理想的最佳地點。

早見先生的代表作是鳥類活動雕刻。許多野鳥光臨他的家，為他帶來創作的靈感。截至目前為止，早見先生已經確認過大約八十幾種野鳥。

在基地建藝廊時，他正愁不知該取什麼名字，這時，院子裡正好傳來候鳥大田鷸的啼聲。大田鷸的叫聲十分特殊，聽起來像「Zubiyaku」，愛奴語稱為「Zubiyaku Kamui（神）」。便以牠的叫聲為藝廊命名。

東川的幼兒中心（P98）也展示早見先生的作品。溫潤的木質，向孩子傾訴自然的美好。

儘管早見先生的客戶遍及全日本，不過自己的作品留在當地，又是一種不同的喜悅。

STANDARD 15

Less is more. ——節約帶來的富足心靈

慢慢擴展共創價值

Less
HIGASHIKAWA

1-1-6 minamimachi
higashikawacho
kamikawagun.hokkaido

open..........11:00-19:00
closed on wednesday

www.less-style.net

116

　東川有一家成年人的服飾店「Less」。店裡沒有容易被淘汰的流行商品，而是基於可以用得長長久久，對日常生活真正有用的概念，精選的服飾、生活雜貨、皮飾及飾品，優雅的選物眼光，就連品味好的人都甘拜下風。店名取自密斯·凡德羅（Ludwig Mies van der Rohe）的名言「Less is more.」意思是「少即是多」。在這個物品充斥的現代消費社會，這是一個重新審視物質主義的觀念。

　我們同樣能在「SALT」、「居酒屋 利尻」、「Nomado」，這些目前在東川開店，40歲左右的團塊二世[6]身上看到

「Less is more.」的志向。無論是工作還是生活，他們都會追求自己真正想做的事。不受流行及常識左右，主動決定自己的時間、金錢、能量的傾注目標，過著符合自己的生活，並致力提升生活品質。

　尤其是2000年代後期，東川開了許多新餐廳及商店，擁有共同價值觀的人聚在一起，慢慢擴大他們的連結。

6 指1971～1974年，日本戰後二次嬰兒潮的世代。

徹底貼近在地消費者，改變地區商店的業態

持續進化的傳統老店

走進入口就能看到證件快照機和洗衣店的櫃檯，再往前走則是雜誌、懷舊零食、模型、化妝品……。店裡擺放著琳瑯滿目的商品，這裡是位於小鎮中心的「長澤商店」。店長長澤義博先生說：「因為這裡是鄉下，變成這樣，也是無可避免的。」

驚人的是，長澤商店本來竟然是一家「木屐店」。在東川，除了有追求自我風格的店家，也有幾乎已經不知道原本的業態，但對顧客有求必應，養出死忠顧客的店家。

長澤商店已經創業98年，只要是當地買不到又有需求的物品，這裡都買得到。結果就是前面的陳列。「我們小歸小，卻能在當地活下來，這是因為我們能用最快的速度，取得鎮民需要的物品。」這裡的品項豐富，住在鎮上的攝影師甚至說：「這裡有旭川也買不到的用品。」

位於「道草館」對面的餐廳「笹壽司」也一樣，幾乎已經不能稱為「壽司店」了。熱門餐點是第3代到千葉學藝，帶回來的拉麵。除此之外，還有咖哩、丼飯、各種套餐，餐點多元，價格親民。店內寬敞，還有部分餐點提供外帶、外送，十分方便，鎮民的回頭率相當高。

堅持到底，真正的興趣、長年的夢想，使他成為專業職人

方便挑戰的環境

ちょこぱん ¥60

クリームチーズ ¥70

拉開「手工火腿工房 Aoi杜」的大門，立刻會被煙燻的香氣包圍。

在店裡以煙燻方式燻製，種類多元，包括使用北海道產豬肉及雞肉製作的火腿及培根、舌、肝、雞胗等。一概不用化學防腐劑與色素。

品嚐這美味的火腿，原以為店長畑中昭夫先生曾在某某名店工作過，沒想到他說：「這是我長年來的興趣。」利用工作空檔發展興趣，竟培養出專業的技術及風味，終於提前退休，開起店來。

這種將興趣昇華為生意的案例，在東川可不少。拜創業輔導制度、方便挑戰新事物的氣氛之賜，開店的門檻相當低。

麵包店「自製酵母麵包 豆屋」也是其中之一。三戶部智子女士利用育兒的空檔，將手工麵包分送親朋好友，待育兒工作告一段落之後，2010年改建自宅與開店，成了大家耳熟能詳的知名麵包店。一切的起因都是為朋友的咖啡廳製作麵包。據她表示：「第一次聽到素未謀面的客人說好吃，讓我萌生開店的想法。」

STANDARD 18

為「不做的事」設底線，生活更富足

「風格」比「獲利」更重要

東川有許多認為「風格」比「獲利」還重要，為「不做的事」設底線的店鋪。

「RAKUDA CAFE」就是其中一例。從製作餐點到結帳，都由老闆高橋美智子女士一手包辦，週休三日。為避免過多的人潮，她刻意不打廣告，幾乎不接受採訪。然而，她十分重視與造訪顧客的人際關係，在口耳相傳之下，擁有一群死忠的顧客。

除此之外，「義大利餐館&咖啡 古農家 Goloso」也婉拒美食網站介紹。Goloso 使用的食材，都來自同樣位於東雲地區

的農家，或是老闆遠藤吾郎先生自己種的當令蔬菜。因此，菜單會依季節而異。老闆不希望有人把餐點照片貼上網，是為了防範誤會於未然，以免客人會誤以為店裡提供相同的餐點。

其他還有只在假日才開門的店家、只提供午餐的店家，或是座位有限的店家等等，違反餐飲業原則的營業模式，在東川卻是理所當然，大家也坦然接受。符合生活型態，不勉強的工作方式、專心一致的工作品質，結果也創造了自己的價值，認同此概念的顧客也會遠道而來。

STANDARD 19

合夥經營屬於自己的工作

不受「一般觀點」限制

在東川，我們也可以看到各種夫妻共同創業的模式。像是「SALT」的米山夫妻，兩人一起開店。「DEMETER」雖然是由澤田夢子女士獨自處理店面工作，店裡的部分裝潢則是由木工作家的老公——小助川泰介先生負責，店面也販售小助川先生製作的廚房用品。「yoshinori coffee」則是轡田紗世女士為實現老公芳範先生的夢想而開的店。「北之住宅設計社」提升了東川的文化水準，持續堅持信念的渡邊恭延先生，則有賢內助雅美女士無微不至的支持。

「Nomado」的小畑吾郎先生、有希女士夫妻，則是比較特殊的案例。剛開始，有希女士也協助Nomado的工作，不過，她一直想開一家甜點店，於是在附近開了「LOLO by Nomado」。吾郎先生表示：「雖然我們的方向一致，分別擁有自己的店還是比較好。」有希女士還要照顧10歲與4歲的孩子，所以LOLO僅六、日營業。

不受一般觀念的限制，選擇最適合自己的形態，這才是東川流的夥伴關係。

「Life（生活）」中的「Work（工作）」帶來自然的幸運

在兼顧育兒及事業的空間工作

「Work-life balance」（工作與生活平衡）這個字眼，一點也不適合東川。人們理所當然地，在「Life（生活）」之中「Work（工作）」。舉例來說，走在這座小鎮上，經常遇到邊工作邊顧小孩的人。到咖啡廳或烘焙坊。身為老闆的母親在接待客人時，也會把嬰兒放在看得到的地方。嬰兒就在母親身旁看著顧客，顧客走進店裡便迎上嬰兒天真無邪的眼神。對於鎮民來說，這早已是習以為常的光景，不過，在東京可見不著。

除此之外，有些父親的職場也會設置托兒區。一家影像製作公司，設了大約半坪的育兒空間。上班時間，幼兒可以在這裡玩玩具、看繪本，公司裡的所有員工，都理所當然地接受這件事，也會幫忙看小孩。

在日本，職場與托兒空間基本上不可能並存，在東川，卻能存在同一個空間。yoshinori coffee的彎田紗世女士說：「在東川，周遭的人也能共同體會孩童成長的喜悅，一點也不孤單。」不需要為工作犧牲自己的生活。這就是這座小鎮的基準。

02

Public &
Commons

共鳴與共創孕育的「自我風格」
— 小我事、眾人事、世間事的良性循環

在東川,除了個人與團體自發推動的「小我事」,
更衍生小我事、眾人事、世間事的良性循環,
集區域之力持續共創「大家的Public」。
後半部要介紹打造東川風格的社區發展實踐篇。

Public&Commons 共鳴與共創孕育的「自我風格」──小我事、眾人事、世間事的良性循環

引言

Public & Commons

　　推動「寫真之町」事務的時任負責人表示：「想靠文化振興小鎮，至少要向居民徵得20年的保證。」30年過去，他回顧這段歷程，「小鎮由人構成，人與人經由攝影相逢，擴展連結，為東川帶來人潮」。

　　東川町在1985年發表「寫真之町宣言」。這一年，日本社會接受《廣場協議》（Plaza Accord），日圓迅速升值。即將邁入下一年吹起的泡沫經濟。以1983年開幕的東京迪士尼樂園為契機，喚醒國民對休閒的關注。《來自北國》（北の国から）開始播映，北海道的富良野成了眾所矚目的焦點，Tomamu渡假村等大型滑雪渡假村相繼開幕。此外，東京一極集中[7]持續進行，其他地方則發起一村一品運動[8]，掀起話題，再加上外國村等大型休閒設施的設立，在泡沫景氣之下，推動多項大型投資。

　　在日本迎向高度消費社會巔峰的狀態下，當時的中川音治鎮長以全鎮民參與「發展鄉鎮文化」為目標。後來由札幌行銷公司提出「寫真之町構想」提案，發表「寫真之町」宣言。開辦「東川町國際攝影節」。對於這項

---

7 日本的政治、文化、經濟、人口過度集中於東京的現象。
8 各鄉鎮市推出自己的特產，振興地方的活動。

耗費鉅資的活動，當然有鎮民持反對的意見，歷經各種波折，至今也持續了30年之久。在這段歲月中，除了原本的攝影相關領域，也在其他各種不同的領域，持續從錯誤中學習。結果創造出獨一無二的「東川風格」。也許這是「偶然的產物」吧。然而，偶然在某個時間點成了必然，醞釀出「東川風格」這個共同價值。

「寫真之町」是個史無前例的挑戰、挑戰社區發展，以提升生活價值並促進定居，改變了鎮公所的職員。

為舉辦國際攝影節，鎮公所的職員必須協調小鎮內外的各大團體、委託評審、辦理評審會、向贊助企業宣傳，處理各種從未經驗過的業務。東川是個與攝影完全無關的北海道小鎮，這項挑戰取決於他們的認真程度。甚至有人誤認為他們「想靠寫真發大財」。每一位職員都施展全力，結合各個組織及人員，持續辦理這項國際活動。他們還要認真與一流攝影家、專家、企業相關人員溝通及交流。在這段過程中，東川鎮公所成了一個充滿企業精神的

地方，尊崇開拓精神的組織文化於焉形成。

　　1991年，針對居民實施一份社區發展的問卷，結果多數人認為「攝影節應該是鎮民共同參加的活動」，掀起重新審視「寫真之町」事業的爭議。後

寫真甲子園帶來高中生與居民的交流。培養居民對成為攝影對象的風景及生活的意識。

來，解散攝影節實行委員會，改組「寫真之町實行委員會」，在鎮公所設置「寫真之町推進室」。此外，「寫真之町實行委員會」底下設置「企劃委員會」，負責工作包括企劃立案以至於事業營運，定位為「以鄉鎮發展為目的辦理之活動」。

隨後，1994年「寫真甲子園」開辦。高中生先通過預賽，再參加決賽，這是一場以小鎮風景、生活、鎮民為攝影對象，競相拍攝好作品的大賽，年輕人的感性，透過攝影這個行為，每年均提示小鎮的魅力及價值。於是東川以緩慢的步伐，重新審視化為攝影對象的小鎮、風景及生活。

另一方面，東川在自治體經營上，面臨平成市町村合併[9]的重大選擇，2003年，選出現任的松岡市郎鎮長，提出不與其他市町村合併，單打獨鬥的方針。在他的帶領之下，鎮公所職員也提出各種因應措施。

行政單位為推行企業及民營公司無法辦理的活動，得徵收稅金，編列預算。一般來說，都是先有預算才構思活動，確認前例，比照辦理。

然而，東川鎮公所刻意顛覆一般市公所的常識，不能做（1）沒預算、（2）沒先例、（3）沒人做過的事。正因為「沒先例，其他市町村沒做

---

9 於1999-2010年間，由政府推動的地方行政單位整併。

過」，才值得一試。不因為「沒預算」而放棄，該辦的事，可以靠政府補助、公益法人捐助、企業贊助或捐款，或是創造股東制度等新制度，來確保財源，加以實現。東川從不抱著「靠國家補助」、「別人都有做」的想法，先請職員徹底檢討，思考自己該辦的事，再尋求需要的財源及應學習之案例。鎮公所自始自終秉持相同的念頭，推行業務，進一步革新職員的行動，實現各種嶄新的構想。

2012年4月，「mont-bell大雪東川店」於道之驛「道草館」隔壁開幕。這時，個性化的咖啡廳、餐廳、烘焙坊、選品店相繼開幕。當日本大部分的地方都市面臨人口減少、商店街衰退、區域經濟疲乏的問題時，東川町則持續穩健變遷。

一名鎮公所的職員表示：「鎮公所可不是營利事業，是創造一個能讓諸位鎮民、社區自主營利的環境。」在日本，「Public（公共）」容易使人聯想起鎮公所或市公所等組織的活動。然而，Public的本質應該是「眾人事」、「世間事」。鎮公所的確是Public的重要推手，不過光靠鎮公所之力，無法使Public成立。重點在於一個個的居民、職員、團體及組織，自動

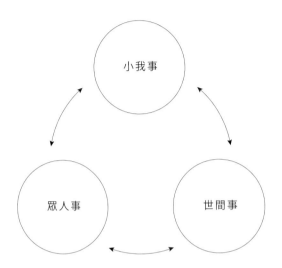

自發地在「小我事」的基礎上,培育「大家的Public」。為因應時代的變化,實現更美好的Public,鎮公所及職員的意識與行動當然也要改變,同時,個人活動或層層疊疊的居民「交流網」也要跟著改變。

　　過去,由於地緣關係,東川以4座小學為據點,發展出熱絡的社團活動。再加上鎮公所、商工會、農協,與鎮民有關的各種活動蓬勃發展,人與

人的邂逅，擴大了交流網，為東川帶來新的人潮。結果促使過去地緣關係的
社團（商工會、農協、少年團、婦女會等）活動益發熱絡，

　　透過生活型態的串連，使社團（如戶外活動、「寫真之町」帶來的連
結）越來越充實。這些社團分別與整個區域培養的「東川風格」、「公有物
（Commons※）＝共有資源」息息相關，各自從事自己的重要之事，他們的

東川町於2014年發表「寫真文化首都」宣言。推出獨樹一幟的國際策略。

活動衍生成果，帶動連鎖效應，創造新的價值，形成良性循環。

　　社團具備政府或企業沒有的力量。當社團的力量妥善運作時，在健康、教育、運動、鄉鎮發展等與生活密切的領域上，即可有效實現良好的成果。想要讓社團的力量妥善運作，除了委由政府辦理、交由市場（企業）協助，還有第三種選項。

　　據說當社團成員的日常生活蓬勃發展時，即可孕育出提高產能的社會資本，實現更美好的社會。在孕育社會資本的過程中，促成自動自發的互助關係、彼此信賴、互酬性的規範（互助互惠），促成良性的協力關係。現在的東川町，正持續這樣的循環。

　　本章將介紹創造小我事、眾人事、世間事的良性循環，建構東川風格「Public & Commons」的實踐者，關於他們的活動與堅持，以及共鳴與共創的實踐，縱觀8000人口小鎮共創的風格，檢討未來社會的價值基準（Standard）。

※Commons：原本指的是相對於私有地及公有地的「共有地」，轉為相關人士共同使用、管理的「共有資源（如資產、空間、社會關係等）」。在各種研究中，Commons不僅代表純粹的「資源」共享，為持續共有資源，還要共有「職責（Role）」、「規範（Rule）」、「機制（Tool）」。

「跑業務的公務員」培養嚴謹認真的鎮公所

CASE：燃起開拓精神的「寫真之町」宣言

東川為什麼能衍生如此多樣化的事業呢？鎮民萌生追求自我個性、認真挑戰新事物的精神，應該是受到「寫真之町」的重大影響。

距今約30多年前，1985年6月，東川町發表「寫真之町宣言」。揭開了以文化發展鄉鎮的序幕。

隔年3月，制定「寫真之町條例」，將發展美麗、上相的鄉鎮制度化（P80）。不僅採用沒有法律約束力的宣言，更進一步將它條例化，做為小鎮自行制定的鄉鎮發展基本方針。條例內容包括整備景觀、生活等各項設施，促進與其他城市的交流，就「寫真」的觀點，制定各項鄉鎮發展的相關事項。

30年前播下「寫真之町」的文化種子

「寫真之町」這個企劃，是札幌一家行銷公司提出的構想。以經濟為目的，招攬持續下滑的觀光客人數，促使觀光產業活性化。利用旭岳山腳下，廣闊又閒靜的

寫真之町宣言

「自然」與「人」、「人」與「文化」、「人」與「人」,
在這些邂逅中,總會帶來感動。
這時,若是兩者之間,能有一部宛如輕風的攝影機,
人可以永遠保留這段邂逅,將感動分享給更多人,相互理解。
於是,「邂逅」與「寫真」化為果實,
歌頌人性、讚嘆自然,感動的故事於焉展開。
任誰都能轉生為超越語言的詩人及溝通高手。
住在東川町的我們,為了將這份美好的感動化為實體,
一年四季,讚頌著創造另一個世界的植物與動物們,
從先人手中繼承、共同培育並永遠保留
雄壯的自然環境以及風光明媚的景觀,
孕育出更美麗的風土、更豐饒的心靈,
在這備受眷顧的大地、向全世界人們開放的城鎮;
以創造真心誠意的、「拍照上相」城鎮為目標。
現在,在這裡,我們要向世界宣告,
東川町「寫真之町」就此誕生。
1985年6月1日 北海道上川郡東川町

郷間美景,將城市品牌化。當時一村一品運動蔚為話題,許多地方自治團體企圖推出特產來振興社區,東川的挑戰,算是一個特殊的例子。

以「寫真之町」為主軸,發表宣言以來,持續舉辦「寫真之町東川賞(東川賞)」。針對海內外攝影師,由學藝員[10]及畫廊經理人評選入圍作品,再由各領域的文化人評審。不僅限於國內,海外攝影師也可以參加,在日本也是首度嘗試。

得獎作品將收藏在鎮內的美術設施「東川町文化藝廊」,頒獎典禮則在「東川町國際攝影節」辦理。

如今,「寫真之町」已經成了東川的標語,然而過程卻不是一帆風順。鎮公所的職員,甚至是當時的鎮民,對這個企劃都

左頁:發表「寫真之町」宣言的儀式情況。1985年小鎮發表「寫真之町」宣言,就此展開鄉鎮的文化發展。宣言內容請參閱右頁。

10 在日本從事博物館工作者,需取得國家執照,性質類似策展人。

抱持懷疑的態度。其中一個原因是東川幾乎沒有精通攝影文化的人士。因此，人們也不清楚獲得東川賞的作品有沒有價值，難以參加。

此外，「寫真之町」的定義十分抽象，大多數人無法理解這是什麼樣的企劃。甚至有人批評「找觀光客背著相機走來走去就行了嗎？」想在這個歷史短暫的小城鎮，以「文化」發展鄉鎮，困難程度顯而易見。

鎮公所職員在東京奔走「跑業務」

承辦「寫真之町」業務的職員們，為舉辦企劃核心——東川町國際攝影節，與鎮內鎮外的各大團體協調，委託評審、辦理審查會、向協辦企業行銷，自行摸索並辦理之前從未處理過的事務。儘管去東京出差好幾次，卻沒什麼人歡迎他們。大部分的人都冷言冷語地說：「反正一、兩年就失敗了吧。」

向企業尋求贊助金，成了職員最辛苦的工作。他們拜訪製造相機的民營企業與攝影相關團體，請求協助。每回洽談都要從說明東川町位於北海道的哪個地方開始。不少人表示第一次聽到這個地方，根本不知道東川町在哪裡，願意提供贊助的自然少之又少。

即使遭到拒絕，職員們仍然用盡各種方法，持續推銷。後來，一名大企業的董事「深受感動」，贊助數十萬日圓。他們洽談的技巧也越來越純熟，當一位贊助商表示「願意提供3年贊助金」時，他們反過來提出「為了讓活動持續下去，希望提供10年贊助金」的要求，成功獲得贊

助。儘管連籌措當前資金都是一件難事，職員們仍然把目標放眼未來。

東川町國際攝影節跌破大多數人的眼鏡，持續了5年、10年，隨著次數的累積，人們也投以不同的目光。堅持到底的行銷有了回報，贊助者逐漸增加，如今，東川國際攝影節的援助、贊助單位，不乏一些大企業及知名媒體。

在這段期間，1991年獲選的鎮長提出廢除「寫真之町」業務的政策。然而，鎮公所職員反對這項政策，他們表示長期交流的企業及組織，希望「寫真之町」延續下去。這時，民營企業與組織已加入東川國際攝影節，發展成重大活動，鎮內外都認同東川「對寫真文化貢獻良多」。最後，這項業務並未遭到廢除。

辦理東川國際攝影節的過程中，鎮公所的職員勢必會邂逅各大組織、各色人物。邂逅帶來的刺激，使鎮公所成為一個充滿企業精神的地方。

用正常手段，無法撐起初期的「寫真之町」，當時的承辦職員發揮了開拓精神，以公務員的身分「跑業務」。目前鎮公所的組織文化，仍然尊崇這樣的開拓精神。

東川町國際攝影節的一幕。由攝影師擔任講師，辦理工作坊。

漫長的「鄉鎮文化發展」，養成居民的眾人事

CASE：由高中生與全體鎮民一手打造的「寫真甲子園」

　　光靠政府機關，當然無法成功發展鄉鎮。地方政府推動「寫真之町」事業後，直到「寫真甲子園（全國高中攝影選手錦標賽）」，鎮民終於不再漠不關心，開始把它當成「小我事」，抱持著好感。

　　寫真甲子園比東川國際攝影節還早一步舉辦，針對全國高中的攝影社及攝影社團辦理的攝影大賽。第一次作品投稿稱為「預賽」，召集從預賽中勝出的高中生參加大賽，在「決賽」一決勝負。1994年開辦，2015年已經有514所學校報名預賽。最後由入圍決賽的18所學校，爭奪全國冠軍。決賽包含大賽前後的期間，共七天六夜，在這段期間裡，參賽者將住在東川的住宿設施。接下來再按照第一關、第二關、最後一關的題目，拍攝小鎮的風景。

「寫真甲子園」改變鎮民的意識

　　在寫真甲子園大賽期間，背著相機的高中生將會在鎮上的各個角落現身，除了景色之外，也會拍攝鎮民。到了這個地步，原本對「寫真之町」抱持懷疑態度的居民

也不能再袖手旁觀了。他們意識到自己成了攝影對象。一名住在東川的家庭主婦害羞地笑著說:「這一天我會比平常更用心化妝。」此外,他們也產生美化小鎮環境的意識。

　　開幕典禮將由鎮上的幼兒園生迎接參賽高中生,請小學的樂團演奏。大賽期間,由鎮內團體的婦女成員擔任志工,為選手準備餐點。除了在住宿設施停留,參賽高中生還會到寄宿家庭Homestay,停留一段期間。在這段過程中,鎮民與高中生交流。大賽結束之後,仍然有不少鎮民與熟識的高中生書信往返。對鎮民來說,與平常鮮少接觸的全國高中生交流,為他們帶來愉快的刺激。對高中生來說,東川的經驗也會成為他們青春中寶貴的一幕。

　　推出寫真甲子園後,「寫真之町」已經不再是由部分鎮公所職員經營的高門檻

左頁:「寫真甲子園」參賽選手的大合照。 | 右頁:在鎮上拍照的選手。小鎮的每一個角落,都能看到他們與居民的交流。

事業，而是每個人都能參加的活動。鎮民也會萌生當事者意識，將事業邁入「眾人事」的良好循環。

2005年，提出「寫真之町」企劃，與小鎮共同合作，辦理該活動的行銷公司倒閉。當時，東川國際攝影節及寫真甲子園好不容易才上了軌道。接下來，小鎮一手攬下全部的工作。眾人已經深刻理解「寫真之町」事業與活動，自行辦理之後，也順利擴展規模。

目前，東川國際攝影節為期大約1個月。在小鎮各處舉辦照片展，6天的主辦期間裡，展開寫真甲子園的決戰大賽。最後2天，同時辦理當地的祭典（東川どんとこい祭り），小鎮熱鬧非凡。2015年，累計參加人數為3萬8千人。

透過寫真文化，與世界各國交流

2013年，為拉近東川孩童與攝影的距離，設立「寫真少年團※」。2014年3月，東川發表「寫真文化首都」宣言。鎮公所的外牆寫著大大地「寫真文化首都 寫真之町·東川」字樣。此外，2015年，「高中生國際交流攝影節」起跑。以與小鎮交流的亞洲各國、加拿大、澳洲國家的高中生為對象，舉辦攝影節，積極推動國際交流。

30年前，隨著「寫真之町宣言」一起播下的文化種子，已經成為「世間事」，朝向世界這個新舞台，向前跨出一步。

由於長年推動「寫真之町」，鎮公所的職員與世界聞名的攝影師、大企業董事深入交流。（據一名鎮民表示）接觸一流人士的行為舉止、觀念及工作方式，便能自然而然地養成「品味」。

寫真甲子園的各種獎項之中，有一個「鎮民票選特別獎」，2015年的大賽中，鎮民與評審竟選出相同的照片。可見歷經漫長的歲月，培育了鎮民欣賞照片的眼光。遷居東川的人們，從鎮公所及鎮民開明的態度中，感受到這是一個宜居的城市，起因也是由於持續舉辦「寫真之町」的緣故吧。

東川並不是一個能讓移住者一見鍾情的小鎮。挑戰既無前例也無形式的「寫真之町」，發展鄉鎮文化，改革了鎮民及鎮公所職員的意識與行動。隨著時間流逝，它成為東川的風土民情，已經超越寫真的領域，帶來各種漣漪效應。

※寫真少年團：每月2次，帶著單眼相機出門攝影，辦理讓東川孩童熟悉攝影的活動。

寫真甲子園孕育的溫度物語

—

收藏寫真之町東川賞獲獎作品的「東川町文化藝廊」,將在東川攝影節期間,展出寫真甲子園的作品,或各種當期展覽。鎮內外的人們造訪此地,親近藝術。目前,有一名曾參加寫真甲子園決賽的選手在這裡工作。

吉里演子小姐在2005年參加寫真甲子園。從大阪第一次來到東川時,除了參與大賽,與鎮民的交流,使她留下深刻的印象。後來,她就讀大學期間,研習攝影,同時以學姊的身分,成為寫真甲子園的志工。大學的畢業製作也選定東川當舞台。每次來到東川,當時在寫真甲子園認識的鎮民,都會把她當家人一般,招待她過夜。

當她面臨未來前途的抉擇時,吉里小姐毅然下定決心:「既然我這麼喜歡東川,也只有移住這條路了。」當時,她與已經熟識的東川人們討論,到鎮公所擔任約聘人員。移住之後,到鎮公所上班,吉里小姐還會到旭川市的補習班上課,第二年終於考取正式職員。

吉里小姐現在的工作內容包括規劃攝影展會場,企劃、辦理活動。下回將以主辦者的身分參與寫真甲子園,愉快地從事東川職員的工作。休假的日子,她會到「寫真少年團」當講師。對吉里小姐來說,認識東川成了她人生的轉振點。寫真甲子園產生的溫情,將持續影響這些高中生的未來。

欲以文化振興城鎮，至少要取得居民的20年保證

—— 山森敏晴（東川振興公社董事顧問）

Professional
攝影師

Private
企業

Public
行政

東川振興公社董事顧問山森敏晴先生，過去曾經擔任鎮公所職員，主導「寫真之町」事業。聽他說說這段「有血有淚」，一波三折的歷史。

—— 為什麼會採用「寫真之町」事業的企劃案？

除農業之外，觀光業是東川經濟的第二大台柱。然而，當時觀光客越來越少，所以必須研擬對策。我們也考慮過躍上大小螢幕，或是找搖滾樂園來旭岳溫泉的企劃案，不過那些企劃的時效都很短，觀光客只會留下垃圾就離開。考慮這個層面，相機是每個人都有的東西，為了拍攝風光明媚的照片，可以多來幾次，所以「寫真之町」才會出現。

—— 實際推動事業之後，又發生什麼事呢？

從「寫真之町宣言」之後，我參與24年，深深覺得人們很難理解文化層面的活動。文化是心靈的價值觀，賺不了錢的。明天的飯比文化還重要，也是這座小鎮的真心話。「與其花好幾千萬辦那些活動，不如改善福利與基礎建設」，會出現這些聲浪，也是很正常的事。
即使到了現在，仍未獲得所有鎮民的認同。話說回來，人們不可能百分之百贊成文化事業。

—— 去東京出差，吃了不少苦頭吧？

跑業務的時候，為了不吃閉門羹，我曾經故意淋成落湯雞，在西裝滴水的情況下登門拜訪。我的策略很有效，櫃檯小姐看我可憐，就讓我進去了（笑）。有些人根本不把我們當一回事：「鄉下小地方在說什麼傻話啊。」也有人說：「你是不是想靠攝影發財啊？」讓我聽了很生氣。持續

20年左右，終於有人認同了。

持續往返東京，我得到的最大資產，就是認識許多人。接觸文化人與大企業董事那些一流人士的觀點，果然會受到不少刺激。舉例來說，霞關[11]的高級公務員在鄉鎮發展上，提供不少建議。這些建議至今仍然十分受用。

在某些情況下，一般公務人員可能要向人民低頭，不過，他們很少主動低頭吧。這一點，東川的公務員可不一樣。在我們這裡，鎮公所可是最大的服務業。

——「寫真甲子園」是哪裡來的創意呢？

第10屆東川攝影節的時候，有本攝影雜誌針對高中生辦了一場攝影工作坊。當時，高中生覺得非常有趣，給我們一些靈感。

東川町、主要贊助商Canon、以及從第一屆就擔任評審的攝影師立木義浩老師，因為我們擁有這個黃金三角，才能持續辦理寫真甲子園。地方政府打造一個方便全國高中參加的環境。民營企業提供器材等援助。老師則透過照片，以簡淺易懂的方式，激發學生的好學心。少了其中一角，寫真甲子園就無法成立。

——用文化振興小鎮，不是一件簡單的事情吧？

我經常說：「欲以文化振興城鎮，至少要取得居民的20年保證。」文化事業需要長

時間的推動。端看居民能不能等待。我也曾經幾度受到挫折，差點放棄，不過，我相信只要持續投注熱情，大家一定能理解。

小鎮就是人。人與人經由照片相逢，擴展彼此的連結，協助者也會越來越多。30年後的現在，東川已經聚集了自然與人，鎮民自行推動各種不同的事物。雖然還稱不上成功，不過我覺得已經能慢慢看到成果了。

11 位於東京千代田區，日本的行政中樞。

跳脫公務員發想，
理所當然地挑戰「不說三個『沒有』」

CASE：多元主體負責公共事務

遷居到東川的人們異口同聲地說：「鎮公所的人很親切。」承辦人員會設身處地與他們討論移住的各項事宜，提供協助，大家驚訝地表示「完全沒有公務員的架子」。

「鎮公所是服務業」，東川鎮公所追求貼近居民的公共服務，策劃獨特的方案及事業。近年更推出「新·結婚書約」、「你的椅子」等充滿特色的政策。

2003年，曾任鎮公所職員，為鎮民提供行政服務的松岡市郎先生就任鎮長。松岡鎮長深知鎮公所的習慣，本著將負面

因素轉化為正面因素的發想，著手改革組織構造、職員意識及行動。目標是成為讓鎮民引以為傲的地方政府，推動改革。

東川鎮公所的指針是「不說三個『沒有』」。

1）沒預算
2）沒先例
3）沒人做過

東川鎮公所絕口不提這三個「沒有」。一般地方政府通常會拿這三個「沒有」，

東川鎮公所揭示
「不說三個『沒有』」

1 — 沒預算

2 — 沒先例

3 — 沒人做過

當成不做事的擋箭牌，導致居民及相關人士心生不滿。

打造鎮民引以為傲的地方政府

這招轉換發想，不僅引導出鎮公所職員的自主性，更成了一個引子，使各種不同的主體把小鎮的事當成「小我事」，分別從各自的觀點，為公眾盡一份力。

東川從不會想要「靠國家補助」或是「別的地方也這樣」，鎮公所職員先徹底檢討，思考自己該做的事，接下來再找出需要的財源與值得效仿的案例。

此外，居民與相關人士想要自主做某些事情時，鎮公所也會尊重他們的意願，運用制度，積極提供側面支援。結果醞釀出職員持續挑戰的文化，創造了各種充滿特色的方案。

左頁：東川鎮公所。絕口不說「沒預算」、「沒先例」、「沒人做過」，是這裡的不成文規定。

組織、職員的變化，
陸續推動獨一無二的政策與事業

串起共鳴連鎖反應的 6 個方案

東川鎮公所推出獨一無二的政策與事業，
介紹超越區域，掀起話題的方案。

01·

新·結婚書約／新·出生證明書

一般來說，向鎮公所提出這些申請文件
之後就結束了。不過，對於結合的新人
來說，結婚書約也許能留下重要時刻的
回憶。有沒有讓它化為實體的方法呢？
基於這個理念，設計這個紀念品服務。
將結婚書約的複本放在文件夾裡，交給
新人。從2005年10月開始辦理。同年11
月，推出出生證明書的服務。

02·

你的椅子

希望送給孩子一個歸處。基於這個理
念，2006年起，與旭川大學合作，展開
這個事業。在東川町出生的孩子，將會
收到刻著生日與姓名的椅子。椅子由贊
同本案宗旨的知名設計師設計，再請鎮
上的家具師傅製作。目前這項政策已經
推廣到6個鄉鎮。

03

米罐

與JA及農家合作，為創立「東川米」品牌所推出的企劃。當時的預算為0元，後來把它當成選舉投票所發送的宣導品，才成功編列預算。商品化之後，旋即大受歡迎，開賣8個月就賣出7萬4千罐。

04

「寫真之町」Higashigawa股東制度

為創造鎮外人士與東川的連結，推出這個事業。運用「故鄉納稅」制度，套用「股東」的頭銜，與小鎮產生關連，讓他們投資想支持的事業。截至2015年12月，股東＝特別鎮民為5929人，投資金額約1.9億日圓（P108）。

05

迷你SLOW「寫真之町」東川町

與北海道生活風格誌《SLOW》合作，推出的小冊子。概念為「在東川町留下更有趣、更美味的經驗」，介紹咖啡廳、藝廊、活動及事業。2011年至2013年，每年製作1集，在北海道各大書店販售。

06

東川葡萄酒

1992年，為獎勵果樹栽培，有效運用土地，收受北海道葡萄酒提供的免費樹苗，開始栽培與研究。以100％2013年東川產葡萄製成的「Kitoushi2013」，於2014年12月發售。不提供郵購，也不會上架到鎮外通路，來東川才喝得到。

STANDARD 25

為設計多元生活，訂定條例與制度

共鳴的連鎖反應帶來人潮

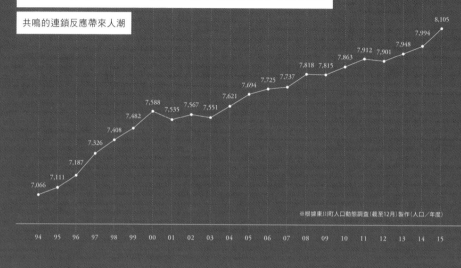

8,105

7,994

7,948

7,912 7,901

7,863

7,818 7,815

7,737

7,725

7,694

7,621

7,588

7,567 7,551

7,535

7,482

7,408

7,326

7,187

7,111

7,066

※根據東川町人口動態調查（截至12月）製作（人口／年度）

94 95 96 97 98 99 00 01 02 03 04 05 06 07 08 09 10 11 12 13 14 15

　　吸引地區人口與定居，這是地方政府的任務之一。為實現東川風格的多元生活，鎮公所制訂各種條例、制度。研擬人口減少的對策，致力促成移住並支援育兒與生活等定居促進事業。

　　東川的人口變遷，以1950年的1萬754人為巔峰，隨後呈減少傾向，1993年度一度低於7000人。接著再度回升，2015年12月為8105人。二十多年來，大約增加1100人（14%）。有意移住者的年齡層廣泛，目前已經呈現住宅供不應求的狀態。

　　地方政府揭示的目標是維持8000人。這是最適合小鎮的規模，以不「過疏」的「適疏」為目標。不遺餘力地宣傳小鎮，也曾辦理「歡迎自由移住（いじゅうは、じゆう）」活動。

　　2003年後，餐廳、麵包店、雜貨店有如雨後春筍般增加，他們大多利用「創業輔導制度」。小鎮的積極協助，減輕移住帶來的不安。除此之外，還有多項為移住、定居者量身訂做的獎勵措施。

東川町的移住、定居促進方案

—

推出各種概念的分售地

東川町土地開發公社提供各種概念的分售地。

2004年度 East town 40區
2006年度 Green Village第1期33區
2008年度 Green Village第2期19區、
　　　　　新榮團地第4次25區
2011年度 Garden Court Kitoushi 18區
2012年度 友遊團地16區、
　　　　　Green Village第3期35區

體驗東川生活的住宿設施

可以在住宿設施短期停留，體驗東川的生活。

長期停留型住宿設施「大雪遊水House」
短期停留型住宿設施「Cabin」
民營簡易住宿設施

誘引移住、定居的獎補助

利用補助款，協助民眾打造東川風格生活及住宅。

-興建景觀住宅補助方案（2006年～）
-創業者輔導方案（2003年～）
-興建民眾租賃住宅補助方案
　（2003年～2005年）（2013～2014年）
-推動東川町北方住宅建設事業補助款
　（2014年～）
※2015年起變更為推動北方Smile建設事業補助款
-推動兩代同堂事業補助款（2014年～）
-設置燒柴式暖爐等補助款（2014年～）

左：從空中看為移住者設計的分售地「Green Village」
右上：長期停留型住宿設施「大雪遊水House」
右下：短期停留型住宿設施「Cabin」

「革新鎮公所文化」
協助職員徹底思考、行動

從 Before After 來看東川町鎮公所的文化改革

徹底思考、行動的公務員
是這麼來的

01
~ 鮮少人事異動

→ 經常人事異動

為了避免只有特定職員才能辦理的工作, 以及促成比前任者更好的工作表現, 經常進行人事異動。一般鎮公所約4〜5年異動一次, 東川町則是2〜3年一次。這也是讓職員隨時保持上進心, 推行業務的祕訣。

02
~ 課之下設「股」

→ 課之下設「室」

行政機關的各課之下通常設「股」, 而東川的「產業振興課」之下, 卻是設「商工觀光振興室」及「農林振興室」的「室」。室長的業務跟副課長差不多, 名片上印著「室長」頭銜卻能強化談判能力, 對工作也更加自豪。

03
~ 做別人也在做的事

→ 當成自己的事來做

不做「別人也在做的事」, 先請職員徹底檢討, 想出自己該做的事, 尋訪效仿案例及專家。經由這段過程, 找到認真行動的民營企業或追求原本價值的大學, 與他們攜手合作, 建構可以實現成果的體制。

04
~ 從國家補助款思考

→ 向國家調度資金

有了國家補助款, 才思考如何運用, 這是一般地方自治體的做法。東川為實現自己該做的政策, 研究國家協助自治體的款項, 檢討如何調度所需的資金及協助。

05
~ 去鎮公所研習

→ 去民營企業研習

一般地方政府會去鎮公所內部或政府的研習機關研習, 東川町鎮公所的職員, 可以到民營企業研習。志願者可以在一定期間內, 到企業體驗實際業務, 透過OJT(On the Job Training)以實踐的方式研習。

06 公務員是地方代表

→ 地方的代表包羅萬象

鎮公所有不少擅長運動的職員，如滑雪、小鎮的全民運動排球、劍道等，閒暇之餘還會擔任運動少年團的指導員。對東川的孩子來說，少年團等於社團活動。除了運動之外，還有身兼樂團成員及攝影師的職員。

07 工作只是工作

→ 工作等於生活

職員們持續挑戰史無前例的事業，即使一無所有的情況下，也不能說「辦不到」。工作越積極的人，工作量越大，通常需要加班或是連假日都要工作。課長級的職員，都抱著正面的態度，沒把工作當成工作，過著公私合一的生活。

08 管理自己的行程

→ 全員共享行程

採用商用行程管理系統，所有職員透過網路分享行程。遇到開會或客人來訪的時候，輸入標題，再請可以出席的人填入名字。可以在別人的行程輸入預訂事項，有效率地分配工作。

09 只顧鎮上的事

→ 接受外來的刺激

只顧鎮上的事，不容易衍生新的發展，因此積極接受外來的刺激。職員經常赴東京或海外研習，藉著這個機會，發展新事業。積極檢討外部提出的企劃，盛情款待來訪的客人。

10 「是」我

→ 我「也有」

舉例來說，即使自己擔任事業的總指揮，也不會刻意宣揚，「是我成就這件事」。尤其是公共事業，他們很清楚，要是沒有眾多協助者，就不會實現，因此東川沒有鶴立雞群的超級公務員。從不抱著「是我」的想法，而是我「也有」參與。

11 接電話報「東川町」

→ 接電話報「寫真之町・東川町」

全體職員接電話的時候，都會說「這裡是寫真之町・東川町」，在鎮名之前擺一個前置詞「寫真之町」，讓來電者認識「寫真之町」，也把這個概念深植在職員的腦海中。不用成本又簡單，還是一個有效的方法。

居民自行將住宅化為風景

設計景觀的推手：Green Village

　　2002年，東川町制訂「育成守護東川風景條例」。如同「寫真之町條例」，是把東川打理成為上相城鎮的政策，以每位居民在生活中關心街景為方針。2005年實施「景觀法」，將「住家風景化」推廣到全日本。

　　在這段時間裡，為建立東川風格的居住環境範本，2006年分售住宅區「Green Village」應運而生。邀請景觀專家及建築師設計，鎮公所的承辦人員也赴景觀列入世界文化遺產的白川鄉研修。

　　入住Green Village的志願者，會收到一本《東川風住宅設計方針》手冊。翻閱內容，首先登場的並不是建築物，而是院子裡的「植栽」，這也是這本手冊的特色。具體記載著「在馬路看得見的地方，種植兩棵以上的樹木」、「從馬路邊緣算起，保留約1公尺的綠地」等事項，甚至還介紹推薦的樹種。

　　接下來則是外觀的方針，如利用木材、屋頂的形狀及色彩、外牆色彩等。並規定樹籬笆及圍牆，如何遮蔽儲油罐等，羅

列各項詳細的規定，請家家戶戶共同實現美麗的街景。

刻意打造的高門檻景觀範本

　　似乎有人認為在這裡生活還要達成所有的條件，門檻也太高了吧，不過，Green Village卻是刻意拉高門檻，促成真正認同這個概念的人搬進來。

　　這裡的景觀由居民一手包辦。手冊最後還有「景觀協議」。本協訂經由小鎮管委會及小組討論，制定區域景觀的相關協議，並徵得鎮長的認可。

　　對於志願入住Green Village的人，鎮公所至少會向本人親自說明這些景觀規定，至少3次以上，再簽訂協議。雖然耗費不少時間，他們認為如果入住者不能理解這一點，Green Village就無法發揮作用。

　　住在Green Village的香川芳見先生（P54）認為這正是Green Village的優點。

　　「Green Village擁有發展區域的概念，我認為這點非常好。我贊成建築物的條例，也贊同由居民自行管理公共空間。」

　　Green Village的居民建立了自治組織，每年會召開幾次植物栽培及樹木剪定的研習會。每年決定小鎮周邊的「綠化委員」，整個社區齊心協力，打造綠意盎然的舒適空間。整理住宅之間的

左頁：打造東川景觀的分售住宅地Green Village。｜右頁：住宅之間的散步小徑。由居民共同維護，促使社區活性化。

散步小徑、割草、撿拾落葉，這些工作都在居民的互助合作之下完成，大家彼此交流，形成關係密切的社區。

　　目前Green Village的住戶，從育兒世代到銀髮族都有，共75戶在此生活。走進這一區，即可發現從公園到公共馬路都由居民細心維護，構成東川式景觀。

小鎮全力追求安心的育兒、教養環境

孩子誕生前就提供無縫接軌的援助

　　育兒方面，東川也是個十分誘人的小鎮。原因不用多說，當然是豐富的自然環境。不少人打算讓小孩在空氣及飲水潔淨，可以接觸各種植物及生物的環境中順利成長，才搬到這裡。

　　這裡也有許多能與孩童共度的公共設施，鎮上就有20座公園，育兒的相關公共設施則有10處左右。

　　東川提供各種生產及育兒的補助制度。

　　舉例來說，除了產前的一般補助，這裡還有「不孕治療補助」。由小鎮負擔健保不給付的不孕症治療費用。補助對象為在小鎮居住6個月以上，妻子未滿43歲，尚無兒女的夫妻（設排富機制）。

　　此外，「兒童醫療費補助」制度的對象為0歲到完成義務教育的15歲兒童，全額補助符合健保給付的入、住院費。除此之外，還有許多減輕育兒家庭負擔的制度，協助居

民育兒。

　產後6個月，東川町幼兒中心「鼬鼠之家」就提供無縫接軌的育兒支援。2002年開幕的「鼬鼠之家」，將「育兒支援中心」、「幼兒園」、「托兒所」這3個設施集中在市區的同一建築物裡。連同整合這些設施的鎮公所「兒童未來課」都在這裡，申辦各種文件都很方便。

「鼬鼠之家」追求最佳育兒環境

　育兒支援中心是0～3歲，進托兒所前的兒童及母親的交流場所。每週一、二、三的9～12點開放部分設施，母親可自由參訪，或是讓教保員陪孩子玩耍。不需事前申請，也不需要費用。夏季也會帶到游泳池，跟托兒所、幼兒園的孩子一起玩耍，對孩子來說，這也是為了將來入園的準備。利用這項服務的人表示：「即使自家附近沒結識什麼朋友，只要來這裡，就能結交同為媽媽的朋友。」「可以跟幼教老師討教育兒的問題，我放心多了。」

　此外，有育兒問題的家庭，也能在育兒支援中心尋求協助。每年以放鬆父母身心為目的，辦理數次伸展操或迷你排球[12]及附托兒服務的講座。若教保員覺得家長可能遭遇某些困難，也會打電話關心家庭狀況。當教保員預測家長在育兒時恐怕有精神疾病或家暴傾向等嚴重的情況時，也會主動進行家庭訪問。負責的教保員說：「我們會盡可能提供協助，讓

左頁：兼具育兒支援中心、幼兒園、托兒所3種功能的「鼬鼠之家」。｜右頁：家長隨時都能在育兒支援中心與教保員討論育兒問題。

孩子及育兒中的父母放心。」此外，遇到沒來過育兒支援中心的家長，則會在乳兒檢診時，輕鬆地跟他們聊一聊，營造讓他們方便前來的氣氛。

　來到育兒支援中心的孩子，幾乎都會進入鼬鼠之家的幼兒園或托兒所。2016年2月時，共有271名園生。隨時都可以申請入園，沒有等待入園的兒童。按照年齡分班

12 由北海道大樹町構思的軟式排球比賽。

99

上課，幼兒園及托兒園的學童都待在一處。可配合家長工作型態，隨時調到幼兒園或托兒所，相當方便。

東川的幼兒園與托兒所，原本分處不同的地方。幼托一元化時，請來旭川大學的教授擔任顧問，整合幼兒園老師及托兒所的老師，召開幾場學習會，重新編制教育及保育制度。與家長會討論營運相關事項，花了超過2年的時間，才建立目前的體制。

建築物也下了一番工夫，用餐空間更是值得一提。廚房就在眼前，4、5歲的孩子用餐時，還能一邊觀看廚房製作烹調的情況。從午餐室的窗戶就能看見小學的校門。下午的點心時間，正好是小學放學時間，幼兒園的孩子看到兄弟姊妹放學的時候，還會向他們揮手。

這些孩子就是開創小鎮未來的主人翁

為實現特色教育，東川設立新的小學。現在的「東川國小」，在北海道大學工學研究院都市設計學研究室的協助之下，擬訂基本計劃，2014年10月，從舊校舍搬遷到這裡，開始使用。佔地總共16公頃，十分廣

東川國小的教室沒有牆壁，在開放的環境學習。

閣，校內還有供少年團活動的棒球場、足球場，課外教學體驗農事的實驗農場、果園等。建築物附設「區域交流中心」，內含學童托育設施及可供鎮民使用的交流廣場，除了是一般小學，還提供社區交流的功能。

走進學校一看，完全不像8000人口規模自治團體的小學。教室與教室之間沒有隔間牆，而是寬敞的開放式空間。針對需要特別照顧的兒童，也有完善的設備。空調則選用環保的大氣取熱式熱泵。營養午餐使用當地的食材，以自設廚房的方式，將全校約350位學生集中在午餐室，共進午餐。學生使用的課桌椅，都出自鎮上家具師傅之手。

除此之外，舉凡走廊的雕塑及圖書館的書架，隨處都能見到東川風格的木工作品。注重小學的每一個細節，為的是讓孩子在這裡學習、成長，開創小鎮的未來。

授課內容方面，著重「鄉土教育」，取得農家的協助，編列種田及割稻等體驗課程。每個學年分成兩班，還會另行按照學力分班，安排輔導老師，進行各別指導。以免孩童跟不上授課進度。

儘管這不是學校整併，東川國小遷校之際，仍然面臨居民反對的聲浪。

小鎮多次召開說明會，邀請專家、製作模型，仔細宣傳計劃。關於預算的籌措方面，也公開所有規劃，消除民眾的不安。為獲得居民理解，徹底進行對談。

上：學校中隨處可見家具師傅的手工作品，營造溫馨氣息。｜下：東川國小全體學生約350人。孩子們將開創小鎮的未來。

如今，外縣市人員源源不絕地到東川國小考察。小鎮的未來將會如何呢？這個地區將守護這些即將畢業的孩子，看著他們成長。

認真謹慎的國際化策略，
增進交流，鼓勵定居

開設日本首座公立日語學校

　　走進東川的餐廳，進入耳中的是各種不同的語言。到了超市，架上用英文、中文、韓文等多種語言標示商品名稱。走到便利商店，店裡全都是外國客人，一點也不稀奇。儘管東川是一座小鎮，也是國際化的小鎮。距「寫真之町宣言」已經30年。目前，鎮公所正為下一個30年播種。那就是國際交流事業。在高齡少子化、兒童人數持續減少的情況下，將小鎮的未來押在與海外各國（不侷限於其他區域備受矚目的國家）增進交流，鼓勵定居等

長期的展望。

　　話說回來，東川町的寫真之町條例第一條就是「以寫真為媒體，透過國際交流及寫真文化，推動自然與文化調和、充滿活力與人情味的鄉鎮發展，以符合向世界開放的寫真文化首都之名」。也致力於姊妹城市合作等國際交流事業。

　　為了點出更明確的過程，2014年3月發表「寫真文化首都」宣言。放眼未來，意識亞洲、全世界，積極推動國際交流。

寫真文化首都宣言

1985年，我們發表了「自然」與「人」、「人」與「文化」、「人」與「人」，

在這些邂逅中帶來感動的「寫真之町」宣言，透過寫真文化，努力發展充滿人情味及活力的城鎮。

30年來，對「寫真文化」的貢獻，成了本鎮居民莫大的驕傲。

但願我們能透過「寫真文化」，「在這座小鎮與世界各地的寫真相逢，

在這座小鎮與世界各地的人接觸，讓這座小鎮充滿世界各地的笑容」。

「美味的水」、「潔淨的空氣」、「豐饒的大地」是東川町引以為傲的美好環境，

累積30年的「寫真文化」，憑靠區域的力量，開墾120年的今日，

我們放眼未來，以發展均衡、適疏的城鎮為目標，

以重視「拍攝、留存、傳承」心態的寫真文化為中心，決心以寫真文化，

承擔與世界人們連結的工作，在此，宣告此處為「寫真文化首都」。

2014年3月

將日語教育事業串起的網路擴及全世界

東川町設了好幾個吸引外國人來訪的入口，其中，最值得一提的就屬日語教育事業。除了透過研習課程提升日語能力，還有茶道或劍道等課外教學，體驗日本文化。此外，還有攝影、製作木工藝品、旭岳登山或滑雪等，深入認識東川町的課程。

研習學生住在「東川町國際交流會館」或「國際交流會館Ma Maison東川」。附

姊妹城市
- 加拿大 亞伯達省 坎莫爾鎮（Canmore）
- 拉脫維亞共和國 魯伊耶納州 魯伊耶納市（Rūjiena）

文化交流合作城市
- 韓國 江原道 寧越郡

友好合作城市
- 韓國 全羅北道 長水郡

左頁：在日語學校上日語課的研習生。截至目前為止，已經招收來自16國、區，超過1500名學生。

103

早晚餐。

截至目前為止，接收的學生來自台灣、韓國、泰國、中國、烏茲別克、越南、拉脫維亞、印尼等，以東亞各國為中心，共16國、地區。2009年開啟事業，2015年，收受人數已經突破1500人。有鑑於這項實績，2015年10月開設「東川町立東川日本語學校」。這所學校運用舊東川國小的校園。是第一所市鎮村立的公立日語學校。

研習為期6個月或1年。留在東川的留學生，多半是東川的潛在粉絲。實際上，回國後再度造訪東川的人也不少，結業之後，也能維持在東川町建立的連結，據說還曾在台北召開同學會。

為維持、擴大這些連結網路，鎮公所設置海外事務所。2013年在台灣設立「北海道東川町台灣觀光案內所」。隨後，2014年於泰國曼谷市設立「北海道東川町留學生支援泰國事務所」。2015年也在韓國、中國設立相同的組織。召募前往東川町的研習生、留學生，並宣導觀光。對於8000人口規模的自治團體來說，也是一個特殊的案例。順帶一提，東川與越南及泰國等國家積極交流的原因，在於這些國家的未來性。著眼於今後的成長，建構

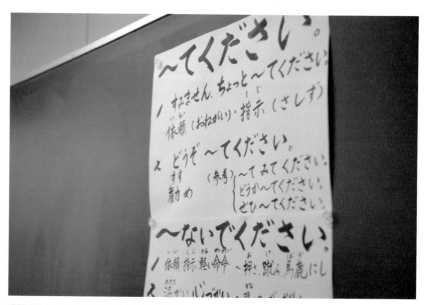

研習分為6個月或1年。還有充實的課外活動。

未來的關係。

　與民間的合作方面，北工學園旭川福祉專門學校，於2014年在東川設置日語科，招收來自韓國、台灣、中國、泰國、越南、印尼等，超過100名學生。地方政府也設置獎學金制度，共同致力推行日語教育。

成了有外國人也不奇怪的城鎮

　除此之外，透過JET計劃（The Japan Exchange and Teaching Programme），安排了許多外籍職員。包括外語指導助理3人（美國、加拿大）、國際交流員5人（韓國、中國、拉脫維亞、泰國、烏茲別克）、體育國際交流員2人（芬蘭、巴西）。來自巴西的足球選手也會到小學教授足球課，在各個領域進行國際交流。在日本應該找不到規模8000人，又有這麼多外籍職員的城鎮吧。截至2015年12月，申請外國人登錄證的，就有188人。

　在國際色彩濃厚的環境中，鎮民也慢慢接受「有外國人也不奇怪」的狀態，逐漸發展成接受外來人士的文化。

舉辦活動，在海外設置觀光案內所，深入交流。

雖然地方行政機關很辛苦，將負向轉為正向的發言，帶來更多活力

—— 松岡市郎（東川町鎮長）

Positive
正向思考
↑
Negative
負向思考

松岡市郎先生於2003年就任東川町鎮公所的鎮長。請教他不斷挑戰新目標，充滿活力的鎮公所，是怎麼來的。

—— 就正面的意義來說，人們說鎮公所的職員一點也不像公務員。為什麼會這樣呢？

所謂的專家，指的是精通此道，主動出擊，工作時充滿說服力的人。我們是公務員的專家。公務員的工作是提供居民幸福、繁榮、安心、安全。只會接受國家的指示，被動地工作，可稱不上專家。一直以來，我總是強調鎮公所應該自行思考、判斷，推動事務。

至於這樣的職場是怎麼產生的？想要建立適合的體制，激發每一位職員的士氣，積極投入工作，唯有靠人事。過去大家總認為鎮公所「只有某個人才能勝任某個職位」，真的是這樣嗎？

既然要做的話，我一定要做得比前一任更優秀，這是很正常的心態吧。而且工作很快就會調動，也不能亂來。這就是向上心。因此，我們徹底改變人事異動政策。不管是誰做哪一件工作，都要指示他們好好做，於是鎮公所的水準就越來越高了。在職場「造神」，「只有某某人才會做」，無法成立正常的組織。

—— 沒遇過這種只有某某人才能做某件工作的情況嗎？

重點在於自我意識不能太強烈。有些人比較強調「自己」，像是「『是我』蓋了這棟大樓」、「『是我』辦了這場活動」，才沒有那回事。因為你是鎮公所的職員，

才能完成這件工作，只不過是「『我也』一起參與」罷了。不用「是我」，而用「我也」，才是每個職員應有的態度。

—— 職員經常主動到各地出差嗎？

為提振職員的士氣，千萬不能當井底之蛙。應該認識一些高手，接受刺激。所以，我對職員說：「大家儘管出去吧。」相對地，要是有外地人來訪，我們也會跟他見面。不放他走。

這裡只是一個100人左右的鎮公所，能提出的創意畢竟有限。該如何吸收外來的新事物呢？坦白說，我自己也沒什麼創意。跟別人見面的時候，我總是一直在刺探，有沒有什麼雙贏的局面呢？

—— 「不提三個『沒有』」，這類將負向轉為正向的想法，是哪裡來的呢？

地方政府經常喊沒有錢、喊累，就算說到嘴瘁，也沒人會來幫忙。不如在發言的時候，將負向的感覺慢慢轉為正向，自己也覺得多了點活力吧。累不累，也要做了才知道，先去挑戰吧。不行的話再調整，再試一次就行了。

—— 「挑戰沒先例的事」也是您的想法吧。

正因為沒人做過，才是一個好機會。看看成功的人，他們的著眼點跟大家不一樣。

即使著手的時候看不到結果，做著做著，應該會帶動各種漣漪效應。

—— 關於移住者增加這件事，您有什麼感想呢？

應該是呼朋引伴造成的效果吧。各方人士發出他們認同小鎮價值的訊息，就是小鎮的重大價值了。就小鎮方面來說，我們應該重視那些努力的人、正在活動的人。

達爾文認為能活到今日的生命，不一定擁有強大的力量，而是能順適環境進化。要是我們不能持續進化，小鎮一定會衰退吧。沒有刺激，就不會進化。該如何選擇進化的方式呢？我們會積極、互助地進行。

沒有房子，一樣能當「小鎮成員」

把故鄉納稅當成投資制度

　　有些外地人也對東川町感興趣、抱持好感，東川町活用這些人的力量，運用「Higashigawa股東制度」，請他們共同開創東川町的未來。

　　這個制度運用了稅法上可扣抵住民稅的「故鄉納稅」機制，除了提供當地的名產之外，還能從東川町提案的4個專案、7個計劃中，選擇想「投資」的事業。投資的概念為每股1000日圓以上，以「股東」的身分參與鄉鎮發展。本制度從2008年9月開始召募，截至2015年12月，開辦後的7年之間，已登記的新股東為5929人。預期將來可以超越人口總數。投資累計金額約為1.9億日圓。

　　成為股東可以（1）獲頒股東證書、（2）獲得股東優惠（優惠商品）、東川名產、或股利等類名產禮品、（3）在東川町的公共設施、加盟店享受優惠。除此之外，沒住在鎮上的股東，還能成為「特別鎮民」。

　　小鎮收受股東的投資後，一旦各專案計劃達到募資金額，就會成為小鎮的事業（專案可能變更），開始執行。舉例來說，執行「ECO專案」時，廣邀鎮內外的

4個專案計劃，7項執行內容

詳情請上網查詢：town.higashikawa.hokkaido.jp/stocks/

保護、培育寫真文化 「寫真之町專案」	1.寫真之町整備事業 2.股東小屋整備事業 3.寫真甲子園電影製作協辦事業
貢獻好事 「做好事專案」	4.自然散步道整備事業 5.東川葡萄酒事業
守護水資源與地球環境 「ECO專案」	6.守護水與環境的造林事業 (左頁照片)
建構未來、培育下一代 「兒童專案」	7.培訓奧運選手事業

股東參加，訪視小鎮的環境、與鎮民交流、體驗種樹。參加的股東造訪小鎮，在美好的自然環境中，與鎮民交流，接受他們的款待，期待自己種下的樹木成長茁壯，加深與東川的連結。

在「捐贈、名產」的關係中，加入「投資、參與」

在這個制度中，參與故鄉納稅者不僅具備「捐贈、名產」的關係，還設計了「投資、參與」的關係。

有些股東支持東川町，向朋友或更多人宣傳東川的魅力，有些股東則是投資或直接參與事業，結果帶動交流人口、定居人口的增加，形成良性循環。

小鎮相關人士表示：「定居人口約8000人，加上特別鎮民（鎮外的贊助者），加起來可以當成1萬人的小鎮了。」

讓沒有住處的居民成為東川町的一份子，參與小鎮事業，這是東川町未來的目標。

STANDARD 31

「從投資報酬率思考政策」，創造新方案

以新東川國小、mont-bell 為例

東川町立東川小学校
Higashikawa Elementary school

東川是個每年都有驚喜的小鎮。較大的變化應該是2012年，戶外用品店「mont-bell」路面店開幕。2014年，東川國小遷校、新建，建築設計與教室空間成為眾人的焦點。

8000人口，2014年度的決算（歲入）約83億日圓，對於這種財政規模的自治團體來說，著實讓人嘖嘖稱奇。

詢問東川町的相關人士，他很清楚地解釋：「東川國小運用鎮負擔率較低的地方債，預期10年即可完成資本回收。」然而，

校舍的建築費用大約38億日圓。包含地區公園，總共約投資52億日圓。具體來說，要用什麼方式回收資本呢？

為建設東川國小、區域交流中心，東川町制訂「平成24年度[14]東川町財政營運計劃（平成24～29年度）」。進行綿密的規劃，以確保未來的健全財政營運制度。於是，「東川國小等建設的舉債合計約32億日圓。其中約67.7%以交付稅[15]補足，試算後得出實際負債為11.5億日圓。此外，提列償債基金做為償還財源」。根據此原則，預估

10年可以完成資本回收。再加上本事業的建設，將對區域帶來漣漪效應，進一步提升教育環境，促進移住、定居，擴充育兒環境，對於未來的鄉鎮發展，將是不可或缺的部分。

其次來看看mont-bell的案例，為解決市中心鬧區的空地、空店面問題，促使商店街再生、活化，商工會及觀光協會力邀mont-bell展店。為實現這個計劃，由小鎮建設相關設施。為活化商店街，公開召募利用、運用設施的提案，最後決定讓mont-bell以承租的方式展店。

考慮投資報酬率、資本回收的方案

這時也從投資報酬率、資本回收的角度，籌組方案。根據「東川議會報告」154期（2011年8月1日發布）、157號（2012年5月1日發布）的資料，整理出建設費用約為1億日圓。款項來源方面，北海道補助款約3800萬日圓，基金贖回6000萬日圓。預期收入為mont-bell的租金，每年120萬日圓，當成利息計算，可以確保近15倍的收益，此外，還會多一筆法人鎮民稅[16]，因此預計5～8年即可完成資本回收。除此之外，也為居民帶來工作機會，與周邊店家形成加乘效果，對財政及經濟方面，預期都會收到不錯的效果。

mont-bell開幕至今3年。在這段期間，開了許多咖啡廳、餐廳、選品店等專業店鋪。市中心鬧區的空店面減少，在

左頁：鎮立東川國小。預計約10年完成資本回收。｜右頁：mont-bell大雪東川店。預期帶來良好的財政及經濟效果。

市中心周邊的住宅區，也有人改建店鋪或農家，開起餐飲店。每逢週末假期，經常能看到餐飲店前大排長龍的光景。說個題外話，mont-bell大雪東川店的業績穩定成長，據說該公司因此傾向在自然資源豐富，可以盡情享受戶外活動的地區展店。

14 即西元2012年。
15 地方交付稅，中央對地方的補助。
16 針對法人徵收的住民稅。

「從鄉鎮發展構思商業」創造區域活力

共同合作帶動新的人潮

位於地方市鎮中心的商店街，過去曾經與當地居民的生活緊密結合，是他們購物的去處。然而，自1980年代起，隨著郊區開發，市中心逐漸空洞化，商店街開始衰退，這是全日本的風潮。大型商業設施到郊區展店，於是消費地點也從市中心移到郊區。

商店街衰退的另一個原因，則是雙薪家庭及單身貴族增加，生活型態隨之轉變，商店街及各大商店沒能跟上潮流。因此，消費者開始到方便的大型連鎖商店購物，

金流無法回歸地方。

在時代的潮流之下，東川以商工會為中心，由鄉鎮發展的角度，重新審視商業活動。不斷由錯誤中學習，創造新的人潮，推動特殊商機。

「共同合作」製作木雕招牌，將東川風格實體化

大約30年前，小鎮人口持續減少，於是目前東川町的商工會長濱邊啟先生率領返

鄉及下鄉的年輕人，共同發起「把人帶進東川」的活動。這群商工會青年部的成員，配合剛起步的「寫真之町」事業，討論「東川風格是什麼？上相的小鎮長怎樣？」

1986年，商工會青年部的部長一行人赴歐洲考察，當地突出的招牌讓他們留下深刻的印象，也讓他們獲得靈感。於是他們打算製作符合東川工藝興盛風格的木雕招牌，在東川大街、連結旭川市與天人峽溫泉、旭岳溫泉的道道1160號沿線，設置各大商店、組織及團體的招牌，展開「木雕招牌設置事業」。

首先，從代表東川的商店街店面招牌著手，各店的老闆每天工作結束後，就會製作招牌。根據自家店鋪的特徵及賣點進行設計，剛開始都由他們親手雕刻，隨後，鎮上的木工師傅也加入他們的行列。

位於商店街，創業60年的蛋糕店「ゝ月庵」第二代老闆，也是商工會成員的高島郁宏先生，回顧當時的情況。

「一開始，因為前輩都開口了，只好跟著做（笑）。可是，電視台來採訪之後，大家的反映都不錯，於是我的心態也改變了。為了把東川打造成一座好城鎮，我想這是我唯一能做的事了吧。」

最後，總共完成大約90座木雕招牌。除了商店之外，就連郵局、警察局和學校，都掛上整齊劃一的木雕招牌，這樣的光景，正是「東川風格」。如今，造訪者依然覺得這些招牌賞心悅目。

傳承給下一代的價值觀連鎖

鄉鎮發展可沒那麼簡單，木雕招牌設置事業並沒有帶來大量觀光客及移住者，然而30年前商工會的行動，確實帶動「共同讓小鎮更好」的氣氛。直到2000年鎮中心才恢復活力，「道草館」落成應該是最大的功臣吧。到了2012年，「mont-bell大雪東川店」在隔壁展店。帶動人潮回流鎮中心，商店街的空房子，接二連三地開了新店鋪。

濱邊會長他們的下一代曾在長大成年後離開小鎮，如今，他們（團塊二世）已經返鄉。他們帶著在札幌、東京，或是海外生活的人脈及工作技能返鄉，以自己的方式推動事業。體現只有東川才找得到的價值。此外，下鄉的人也經營符合自我風格的生意。他們追求「東川風格的生活」價值，如同30年前，小鎮又吹起一股新風潮。

已經接棒的第二代，「居酒屋 利尻」的中竹英仁先生說：

「如果我們能在東川感受這座小鎮的豐富資源，建立更好的生活型態，自然就能為東川宣傳，造訪的人也會越來越多吧。」

左頁：小鎮大街、道道1160號。從旭川市通往天人峽溫泉、旭岳溫泉，車流量相當大。沿路開著許多商店。

利尻是每一季都有客人從東京遠道而來的熱門店家。除了對料理的堅持，店裡的氣氛與店長本人，都是大受歡迎的因素（P56）。

目前，在實際到訪者的口耳相傳之下，東川的好評已經擴及整個北海道。由於網路普及，一旦能從本質帶動共鳴的連鎖效應，不需大肆廣告、宣傳或辦活動，人潮一樣絡繹不絕。

隨著時代變遷，小鎮吸引人流的方法也跟著改變，然而，深愛故鄉，與同伴共同改善小鎮的熱情，仍然一如往昔，持續為小鎮帶來活力。

「木雕招牌設置事業」製作的部分手工雕刻招牌。表現設施的特徵與賣點，大約設置90座。木工師傅也協助製作。

創造唯有東川才嚐得到的滋味

—

小鎮甜點老店「ヽ月庵」的高島郁宏先生，為了替商工會宣傳「東川風格」，著手製作木雕招牌，即使活動結束，他仍然持續構思「東川風格」。後來，他終於想到利用東川的食材來開發商品，大約15年前，利用東川米製成的米粉，製作「北海道QQ戚風蛋糕」。

「比起在東京製作，東川製作更具說服力，客人也更喜歡。我想製作這樣的商品。」

剛推出的前2年，做了10個大概只能賣掉2個，有一回，九州百貨公司的採購看上這款蛋糕，下了訂單，「希望可以連續2星期，每天送100個過來」。接下這筆訂單後，米粉戚風蛋糕瞬間爆紅，成為全國各大物產展都會訂購的暢銷商品。

後來，除了戚風蛋糕以外，ヽ月庵也和鎮上的豆腐店合作推出「豆乳布丁」，為對抗以歐洲山峰命名的蒙布朗蛋糕，推出命名為「Asahidake（旭岳）」的獨家蛋糕，持續開發東川才買得到的商品。

然而，高島先生最近不再把商品送到鎮外銷售。

「考慮業績的問題，賣到全國百貨公司的物產展，當然比較好，不過，我希望客人能在東川的空氣之中，品嚐我們家的蛋糕。」

高島先生未來也會持續思考「什麼是東川風格」，表現只有東川才能提供的價值。

想讓區域存活，必須轉換想法，以發揮「當地風情」

—— 濱邊啓（東川町商工會會長）

Rural
鄉下

Urban
都會

濱邊啓先生是30年前的返鄉組。曾任鎮議會議長、觀光協會代表理事、商工會會長。也是「從鄉鎮發展構思商業」的推手之一，向他請教東川的過去與未來。

—— 請問您為什麼會回東川呢？

我在東川的藥局出生與成長，高中畢業之後，我沒去念大學，而是到全日本旅行，一直到30歲左右。我走遍全日本，發現再也找不到條件比東川還好的城鎮了。在東川，第一級產業（農業）、第二級產業（木工）、第三級產業（觀光）維持良好的平衡。這是最大的優勢。如果能發揮它的優勢，一定能打造一座有趣的小鎮，所以我決定返鄉。

—— 請問您推動哪些鄉鎮發展呢？

我剛回來的時候，鎮民排外的情況比現在嚴重，而且沒發現自己的小鎮多麼優秀。我跟商工會的同伴以及當時的鎮長，都在追尋「東川風格」。如果想讓區域存活，應該從「如何發揮當地風情」下手。

大雪山及田園風景，這些景色是東川的共同風格。於是我想，來蓋一些適合這些風景的房子，打造適合的生活型態吧。跟「時尚」一樣的概念。比起水泥牆，我覺得東川更適合木造建築。不過，想在一夕之間把衣服全都換掉，可不是一件容易的事，先從領帶下手好了，於是我們從商店的招牌著手。那就是「木雕招牌設置事業」。

—— 「寫真之町」事業呢？

我贊成。大家朝向共同的目標努力，是一件好事。

—— 現在有那麼多移住者，您認為是持續「寫真之町」的功勞嗎？

以結果論來說，是這樣沒錯，不過，要是

沒有計劃，也不會有成果。也許「寫真之町」不是非辦不可，不過，持續的確有意義。

—— 話說回來，當時的鎮民好像也分成正反兩派。

不管是「寫真之町」還是「木雕招牌」，都有各種不同的批評。然而，批評等於是在吶喊「讓我參一腳吧」。所以我會對他們說：「有意見的話，你來試試看吧，你也做出一點成績來瞧瞧。」吸收他們當同伴（笑）。我凡事都會說清楚，講明白，所以經常爭論不休。我認為互相交流意見，是很重要的一件事。

—— 關於東川的將來，您有什麼看法呢？

我們現在最大的課題，就是如何把鄉鎮發展交棒給下一代。現在是決定下一個30年的轉捩點。我最怕東川只是一股風潮，一下子就結束了。如果只有好評，內容卻沒跟上，那就沒意義了。
下一代可不能翹著二郎腿，等著繼承父母的事業。必須具備反骨精神。希望他們也能決定如何因應時代變遷，記取歷史教訓。

—— 關於鄉下的鄉鎮發展（不僅限於東川），您認為面對什麼樣的課題呢？

雖然我這樣講很直接，不過，鄉下就是會越來越窮困。不管是哪裡的鄉下，優秀的人才都會去都市。從學校跟大企業的地點就能窺知一二，這就是日本的體系。鄉下就是都市的人力供給來源。
在這樣的狀況下，儘管程度有所差異，每個鄉下地方都很努力。單純為這些鄉下地方加油，也是一個好方法，不過，只要俯瞰全日本，應該不難理解，都市扮演著都市的角色，鄉下也扮演著鄉下的角色。舉例來說，我們可以整備交通網路，方便人們移動。只要人們移動，錢也會跟著跑，這是經濟的原理。抱著這種經營感覺來推動鄉鎮發展，應該是一個不錯的方法吧。

在鎮中心打造「區域商店的共有地」

反映小鎮活力的「道草館」

　　位於東川鎮中心鬧區的「道之驛東川道草館」，是當地商店街的核心設施。它是觀光客的玄關，同時也是鎮民的休憩場所。

　　一般來說，道之驛是正對主要幹線（道）的驛站，通常設在遠離該地鬧區的位置，東川卻設在小鎮的正中央。

　　它的前身是「旅遊服務中心 道草館」，建於2000年，做為商店街的核心設施。隨後，2004年由國土交通省[17]認可為道之驛，才成了現在的「道之驛東川 道草館」。道草館位於商店街的正中央，是兼具旅遊服務中心及道之驛兩種功能的設施。

　　獲政府指定為道之驛的影響力相當大，2004年，道草館的來館人數從大約2萬6千人，飛躍性地增加至27萬6千人。隨後來館人數仍然持續增加，2014年度，已經來到近50萬人。

活絡經濟的小鎮共有地「道草館」

　　道草館裡，可以買到現居東川的工藝師傅製作的雜貨、攝影師的明信片、移住者

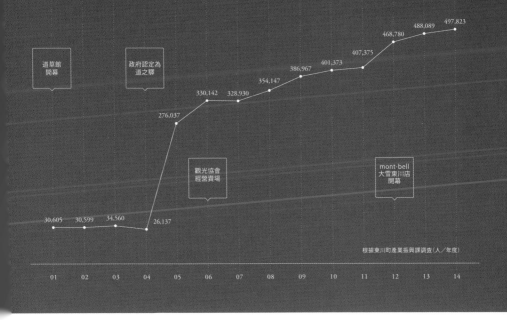

道之驛東川「道草館」來館人數變遷

道草館
開幕

政府認定為
道之驛

觀光協會
經營賣場

mont-bell
大雪東川店
開幕

30,605　30,599　34,560　26,137　276,037　330,142　328,930　354,147　386,967　401,373　407,375　468,780　488,089　497,823

根據東川町產業振興課調查（人／年度）

01　02　03　04　05　06　07　08　09　10　11　12　13　14

商店的甜點與咖啡豆、農家的農產品，東川生產、製造的商品全都齊聚一堂，相當於東川的百貨櫥窗、引導人們前往東川各處活動的入口（玄關）。每一個在東川做生意的人，都可以把自己的工作成果放在這裡展示，道草館是他們與顧客連結的共有地。陳列的商品都敘述著每個人切磋琢磨的成果。只要來道草館走一趟，就能了解小鎮現在的樣貌。

東川散布著許多徒步無法抵達的商店，因此，對來訪者而言，道草館可以俯瞰整個東川，也能買到心儀的商品，是一個方便的好地方。對於商店來說，這裡也是一個重要的地點，可以讓顧客認識商店與商品，還有自己的堅持。

除此之外，道草館身為道之驛，也提供24小時停車場、洗手間與公用電話，駕駛隨時都能在這裡休息。因此，停車場

左頁：道之驛東川道草館。2014年度約有近50萬人來訪。｜右：旭川社區廣播電台「FM Rivière」定期在道草館現場公開錄音。

17 日本的行政機關，類似台灣的交通部。

經常停著旅行中的露營車，也有許多人到「mont-bell大雪東川店」和附近的餐飲店。

道草館結合了旅遊服務中心及道之驛兩種功能，到訪者可以把這裡當成起點，遍覽小鎮，促進小鎮的經濟活動。

手繪地圖是小鎮的「人性地圖」

道草館製作並發送介紹東川商店的手繪「東川地圖」。初次造訪的人，靠這張地圖就能掌握小鎮的全貌。共分為「東川美食地圖市區版」、「東川美食地圖郊區版」、「東川家具與手工藝類商店地圖」、「Welcom to 天人峽」、「Welcom to 旭岳」等五種，配合鎮上外籍人士的國籍，準備5種語言版本。

東川經常新增商店，營業時間與服務內容也會改變。地圖每個月都會更新內容，隨時登載最新的店鋪資訊。用溫馨的手繪插圖，表現各個商家的個性，看一眼就能感受到小鎮的活力。東川地圖早已跳脫單純的觀光地圖，而是在東川開業鎮民的「人性地圖」。

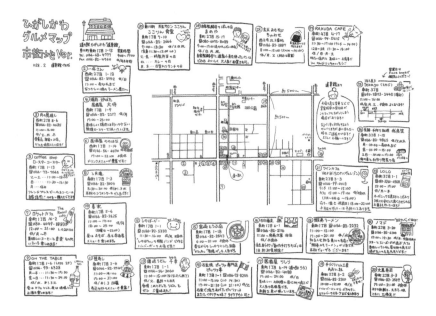

「東川美食地圖市區版」（2016年2月製作）。

發掘區域資源，創作小鎮的地圖

—

「東川地圖」出自在道草館工作13年的旅遊服務中心員工——山本英津子女士的筆下。山本女士剛來這裡工作的時候，道草館只是旅遊服務中心，經常有訪客上門詢問：「請問有好吃的店嗎？」於是，她心想，乾脆做一張地圖吧。

「我是電腦白癡，所以地圖的插畫跟文字都是我自己動手畫的。我從小就很會畫圖，沒想到能發揮所長，我也很榮幸。」

以前鎮上的商店不如現在多，地圖上每一家商店的空間都很大，現在已經多了許多新的店家，擠進最基本的資料，版面就沒空間了。據她表示，每回更改都是用剪貼的方式訂正。她暗自煩惱著，「要是再開新的店，版面就不夠用了。該怎麼辦？」

在道草館迎接訪客，山本女士發現，自2009年起，客層開始有了變化。

「差不多是Less、SALT、Nomado落成的時候吧。鎮上來了好多以前沒見過的時尚人士，道草館的工作人員也嚇了一跳。再加上隔壁開了mont-bell，雜誌上經常出現的那種山系女子（山ガール）也越來越多了。」

東川沒有速食店和國際知名連鎖店，山本女士認為這是「好事」。

「希望能維持目前的狀況，讓這些充滿堅持的人，一起經營小鎮。」

STANDARD 34

創造共同價值，吸引企業進駐

與地方共同前行的「mont-bell 大雪東川店」

　　在8000人口的小城鎮的大街上，「mont-bell大雪東川店」倏然乍現。有了企業、地方政府、攝影師的通力合作，才能完成這個展店計劃。

　　東川與mont-bell的緣分，始於很早以前移居到東川的攝影師竹田津實先生，與mont-bell的董事長長辰野勇先生兩人之間的好交情。因此，在mont-bell早期的型錄上，經常能見到東川的景色。mont-bell公司也知道東川是知名的戶外活動場。

　　非但如此，東川還在mont-bell的「友好

地區」之列。mont-bell將全國約50處戶外活動場登錄為友好地區，「mont-bell俱樂部」的會員在這些地區都能享受優惠。另一方面，mont-bell會宣傳各地區，或是在當地舉辦活動，與區域共同合作，活絡經濟。mont-bell東京公關部門的金森智先生說：「我們公司幾乎不做行銷。我們看的是50年後。希望在大自然之中玩樂的文化，將來能在日本扎根。因此，我們現在就會與全國各大區域，一起炒熱戶外活動。」

mont-bell大雪東川店有別於傳統的都會型店鋪，而是到戶外活動場展店的全新案例。對mont-bell來說，這個案子是繼鳥取「mont-bell大山店」之後的第二家店鋪。

戶外活動場的店鋪方便人們在登山前一刻，購足不完備的物品，在當地才能體會它的便利性。此外，如果能在區域扎根，也方便當地居民日常使用。據mont-bell大雪東川店的下條典子店長表示，店裡有些顧客並不從事戶外活動，而是來買父親節或重要紀念品的禮物。

除此之外，隔壁的道草館有24小時的洗手間，每逢假期，停車場都停了好幾輛露營車，也會到該店光顧。沒想到mont-bell大雪東川店的營業額超出原本的預期，可說是成功的商業模式。

店裡的員工會趁著假日去划皮艇或釣魚，從事戶外活動。mont-bell總公司也有不少想調到mont-bell大雪東川店的人，他們也想利用工作之餘，享受充實的戶外活動。

根據鎮民的構想開發出mont-bell的「農事服裝系列」。

在東川誕生，擴及全日本mont-bell的農事服裝

2014年起，mont-bell為自然保護監視員提供服裝。此外，戶外活動品牌「YAMAtune」（P50）也跟隨mont-bell的腳步，在東川展店，對區域經濟帶來良性影響。下條店長說：「跟其他店鋪比起來，大雪東川店與顧客對話的機會非常多。」也不少人會向他們反映商品的使用心得。蒐集了顧客的心聲後，終於完成與區域緊密結合的產品。農事、野外工作專用的「農事服裝」。

企劃源於鎮民的構想，「要是mont-bell能製作農事專用的服裝，一定很時尚，帶動更多人從事農業」，於是請鎮上的年輕農民參與開發，終於實現這個計劃。對mont-bell來說，與區域共同合作，開發新領域的產品，可是首度面對的挑戰。

自2014年起，大雪東川店面就擺著時尚好看的農事服裝。後來，除了顧客回報給店鋪的心得，也以全日本的女性使用者為中心，傾聽客戶的感想，持續改善設計。農事服裝源於東川，如今，全日本的農夫跟園丁也愛不釋手。

農藝家的執著，帶來豐富的飲食與文化

培養東川品牌的獨家基準

　　過去，北海道產的米不好吃，人們經常取笑它為「沒路用米」。不過，東川的米由「JA東川」主導，以獨家的嚴格基準進行改良，提升栽培技術，打響「東川米」的名號。這是由於農家個個都以「農藝家」為傲，互相扶持，努力經營農業。

提高農家能力的東川Style

　　東川的水資源豐富，早在開墾之初，稻作就十分興盛，截至2015年，已經累計耕種120次了。水田的面積合計約3000公頃，其中八成仍在耕耘，剩下的則轉為旱田。其中95%的米由JA產銷，居全國之冠。目前，不少地方面臨農地棄耕的問題，在東川則完全看不到。

　　不光只是稻米，蔬菜與水果的產量也很大，其中，軟白鴨兒芹的產量為北海道第一。除此之外，還有大番茄、青椒、軟白大蔥等20多種蔬果。

為因應即將於2018年上路的廢除產量調整[18]JA致力推動「東川米」的品牌化。若自由競爭正式展開，屆時不需依賴政府補助，也能獨立生存。

因此，東川的農家們訂出獨一無二的規範。例如制訂「東川米的可靠證明 10 條要件基準」，實施農藥殘留檢驗，在外包裝黏貼生產負責人貼紙，進行徹底的商品管理。此外，在安全方面，稻種不用農藥消毒，而是以60℃的熱水消毒，這是新潟縣採用的方法，東川則是北海道第一個採用的地區，領先潮流。

這裡種的是低蛋白米，自行設定優質的標準，收穫的稻米經由JA審查，分成4種等級。等級會影響收購價格，使優質農家獲得更高的利潤。

藉由各種措施，東川米闖出好口碑，2012年5月，註冊商標為「特許廳[19]地域團體商標東川米」。因此，東川米目前的價格高於其他地方產的米，成了高附加價值的商品。

為使東川米躋身頂級米之列，JA從日本各地延攬講師，召開讀書會，協助農家進修，敦促農民徹底學習、積極挑戰。理事長積極參與全日本的農業相關集會，不斷追求最新的資訊與技術。東川的農家上下一心，主動提高門檻，精進稻米的耕作技術。

農業容易受到國家的政策左右。坦白說，有些米農生產家畜飼料米跟加工米，還能獲得更多補助，這也是目前的現況。然而，東川的農家卻選擇以主食米

農協東川米10條（2007年～）
(1) 簽訂水稻栽培協議，生產米穀
(2) 遵守東川町稻作研究會水稻統一栽培基準，生產米穀
(3) 東川米GAP認證米穀
(4) 產銷履歷優質農產品米穀
(5) 稻種100%更新米穀
(6) 使用東川米統一包裝資材米穀
(7) 黏貼生產負責人貼紙（大頭照）
(8) 自訂標準分級米穀
(9) 經農藥殘留檢驗合格米穀
(10) 東川町農業協同組合產銷米穀

與農業有關的日本國家政策
1970年 推動「減反政策」[20]
2007年 「米價暴跌」
2010年 推動「戶別所得補償制度」
2016年 簽署TPP（太平洋夥伴關係協定），成為會員國
2018年 預定廢除「減反政策」

18 二次大戰後，日本為解決稻米生產過剩問題，實施減產政策，已於2018年廢除，本書出版於2016年，當時尚未實施。
19 類似台灣的智慧財產局。
20 即產量調整策略。

一決勝負。儘管這是為了因應廢除產量調整做出的選擇，農家卻沒把它當成農業危機，而是視為農業自主的大好機會。

整座小鎮都是農業的後盾

小鎮的其他利害關係人也積極支援農民的活動。舉例來說，町長親自出馬，陪JA理事長一起跑業務，爭取新客戶。此外，大約10年前，與「生活協同組合Coop Sapporo」結盟，每年舉辦割稻體驗團。與消費者交流，不僅能讓他們深入理解稻米生產，還

能帶動買氣。新米收成期間，東川町鎮公所與JA還會舉辦東川米的新米促銷。「我們自己種的米，當然要由我們自己來賣。」這是他們共同的想法。

與農業並無直接關係的領域，也把東川米當成小鎮的「門面」，愛護有加。具體來說，移居東川的人都會收到5公斤印著「歡迎米」的東川米。在教育方面，國小也編列了農業體驗，做為教育課程的一環。學校營養午餐使用東川米，蔬菜也儘量使用當地生產的農作物。國際交流時，也會舉辦活動，邀請外國人品嚐東川的白米。

秋季稻穗結實纍纍，低垂著頭。

東川的農家以農業為傲，就連過去較為弱勢的稻米，都能搖身一變，成為寵兒。已經超越每個農民的「小我事」，生產不讓東川品牌蒙羞的稻米，成了共同努力的「眾人事」。此舉提高農業的產能，打造優質白米，帶動各主體的協助，產生共鳴，化為「世間事」，挑戰下一階段的「小我事」、「眾人事」。在經濟方面也締造好成績，東川米的成功更成為大家的典範，對整個區域帶來良性影響。不僅豐富飲食生活，更豐富了小鎮的文化。

目前，東川町的農家總戶數約為320戶，務農者約700人。最近農家繼承人呈現返鄉的傾向，JA青年部的年輕人，已經增加至51人。近年來，每年都會有4～5名返鄉繼承農家事業的年輕人。

接下來，小鎮的水田準備執行為期15年的大規模基礎整備工作。開墾初期，毫無章法地開闢小田地，1974年，整理成每片30公畝，一直沿用到現在。未來會把8片240公畝整併為一片田地，將農地集約。這也是為了因應人口減少時代，以少人數使用機械，增加產量，提升作業效率的做法。

水田面積合計約3000公頃。其中8成仍在耕作。

1年1作，
當中有花錢也買不到的價值

—— 樽井功（東川町農業協同組合代表理事組合長）

Agriculture
農業
＝
Art
藝術

東川的田園風景，來自農家的每一個人，他們悉心照顧田地。JA東川代表樽井功先生率領超過1500名的組合員（會員），請教他東川農業的問題。

—— 請問東川米的風味，有什麼獨門祕訣呢？

東川的水田引來大雪山的湧泉水灌溉。用乾淨的水質種稻，當然能種出好吃的米。優良的環境佔了比較大的原因吧。

—— 在提升品質方面，做了哪些努力呢？

就我個人來說，只要看到稻米、蔬菜、育苗專家，不管他在哪，我都會跟他見個面。年輕的時候，我每年都會自掏腰包，獨自去旅行，去見見全國的勤奮農家。在農協方面，我建議「親自跑一趟再思考」。相對地，我們也會製造機會，從外面找人進來，提供農家學習的機會。
再來，育苗是一件非常耗費心神的工作。尤其是年輕的成員，我會很囉嗦地告誡他們。我們也會利用糖度計來診斷生育情況，或是提供援農[21]指導。

我自己每天都在研究。像是稻子開花的時候，在葉面噴灑營養劑，提高花的糖度。促進根部活性化，提高花的糖度，種出來的米更香甜。我希望能根據這些試驗，讓種米技術普及。也沒有私藏技術的必要，要是大家不能一起種出好吃的米，還是賣不出去嘛。

—— 在成本方面，又有哪些付出呢？

效果好的、非用不可的材料，再貴也要用。不過想要釐清這些部分並不容易，哪些有效？哪些沒效？不試過就不曉得。所以通常是我自己先試驗，再把資料交給農協的職員。
在經濟方面，地方政府給了我們很多的援助。一鎮之首的鎮長會跟我們一起推銷白米。說服力就是不一樣。在東川這裡，賣米同時也是行銷這座小鎮。在生產的過程中，得知「誰在哪裡製造的」才能

建構有力的品牌。

──聽說農家人士也會參與國際交流？

國際交流相關人士從台北過來的時候，他們很喜歡東川米，提出「跟台灣第一的米分個高下」的計劃。於是我們準備了一些最高級的飯糰內餡，像是明太子跟鮭魚卵，前往台灣，請他們品嚐用東川米捏的飯糰。這場交流會，除了曾經在東川學習語言的校友，還有各個國家的人來參加，宣傳效益非常好。

──「寫真之町」事業對東川的農業有沒有影響到呢？

剛開始，農忙期還要處理額外的工作，我們也覺得很麻煩。不過，寫真甲子園開辦之後，全日本的年輕人都來到這裡跟鎮民交流。高中生信步到田邊拍照。後來，連攝影大師跟藝術大師都來了。成為攝影對象，是農民的驕傲。

──東川的農民有什麼特質呢？

東川的農民是種稻專家。可以把他們當成「農藝家」，跟工藝家一樣的意思。在東川，你可以找到很多徹底追求農業的「農藝家」。
1年1作。播種、育苗，在自然之中，認真面對農作物。當中有花錢也買不到的價值。

──請問今後的展望是什麼？

想要生產好東西，必須放鬆心情，還要做好失敗的心理準備。接下來的時代，人們應該會特別重視這個部分吧。在東川大自然環繞的生活中生產稻米，怎麼可能會不好吃呢？雖然有人擔心TPP的問題，只要在第一線生產好東西，根本不用擔心。今後，我們會跟小鎮一起，為大家帶來更多的東川米。

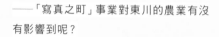

21 非農家者前往農家協助。

手工藝的「專業素養」，培養追求上等好貨的文化

東川的技術撐起旭川家具的招牌

從岐登牛森林公園再往前走，就會來到「工藝街道」，這裡都是現居東川的工藝師傅們的住宅兼藝廊。這邊的藝術工作室有些附設咖啡廳，有些提供木工體驗，近年來，已經成為觀光景點。撐起木工文化的專家，也撐起東川追求上等好貨的風氣。

話說回來，為什麼東川有這麼多木工師傅呢？背景在於「旭川家具」的歷史，最早可以溯及明治末期。1896年，陸軍第七師團本部在旭川市設立，鐵路也跟著開通。

許多人來到旭川市生活。於是工匠和家具師傅也從本州來到此地，當時製作許多歐式家具，領先全日本。東川就在旭川隔壁，家具產業也跟著興起，工藝的技術十分發達。這時，也打理出一個方便取得木材與夾板等製造家具所需材料的環境。這就是東川工藝師傅特別多的原因。

東川以前也有大量生產型的家具商，隨著潮流所趨，加上不敵進口家具，已經撤離了。儘管如此，如今由旭川市及近郊地區廠商製造的家具，都稱為「旭川家具」，仍然

名列日本三大家具。目前，旭川家具有三
成在東川生產。

　　工藝師傅的技術揚名北海道內外，也
有不少外地的客戶。製作許多出貨到旭
川家具店的家具，也會接受廣告代理商
的委託，製作一些宣傳用的雜貨。同時，
他們還會設計並製作自己的作品，當中
也不乏榮獲世界大獎的師傅。最近，他
們也會雇用亞洲的年輕人，或是辦理外
籍學生研習營，國際色彩越來越濃厚
了。

左頁：「BAU工房」的工作室。各種木工藝品在
此誕生。｜右頁：由「鈴木工房」製作，蝦夷栗
鼠外型的紙鎮。

「工藝街道」醞釀出工藝的悠閒氛圍

　　大約在30年前，藝術工作室以岐登牛
地區為中心，逐漸發展。1985年，「北之
住宅設計社」在廢校的東川第五國小設
立工作室。陶藝作品「理創夢工房」、工
藝雜貨「鈴木工房」也緊跟在後，搬進農
家的空屋。感受四季變化，自然豐富的環
境，十分適合創作。農家的房子有可供
居住的正房、能做為工作室使用的倉庫，
還有方便工作的寬闊土地，剛好滿足工
藝師傅的要求。此外，岐登牛地區由於
地質的關係，已經放棄農地開發，土地
取得的難度比較低，也成了移住的一大
助力。

　　說到30年前，是「寫真之町」事業起跑
的時期，也是商工會成員努力製作木雕
招牌的時期。「鈴木工房」的鈴木秀一先
生移住之後，立刻加入商工會，加入木雕
招牌事業，他回顧當時的情形。

　　「當時，搬到東川的人努力從各方面振
興小鎮。這一帶也是，木工師傅們辦了聖
誕節活動，也辦了座墊演唱會。[22]」

　　經過孜孜不倦的努力，發展出「工藝街
道」。命名的時間點，大約是10年前。為了
讓其他人得知他們的存在，住在這一帶的
木工師傅共同討論與決議。此外，道草館
也幫忙製作介紹工藝街道的地圖，將工藝
文化可視化，讓人們認識這個文化。透過造
訪此地的人們，工藝文化也成了一種「東川
風格」，聲名遠播。

22 將日式坐墊鋪在地上，大家席地聆聽的演唱
會。

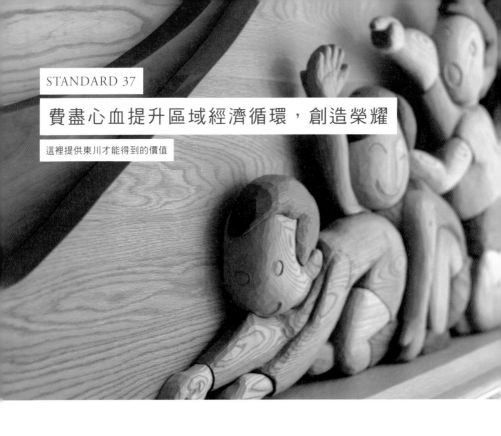

費盡心血提升區域經濟循環，創造榮耀

這裡提供東川才能得到的價值

　　鄉下衰退的原因之一，就是在區域之中循環的金錢外流。於是在區域之中打造一個經濟循環機制，成了一大課題。

　　舉例來說，東川鎮公所興建新的設施時，會針對鎮上的工藝師傅，公開召募或下訂單，找人製作設備或裝飾品。東川國小的桌椅、裝飾走廊的雕塑、國際交流會館的紀念碑與房間門牌，小鎮的每一個角落，都能看到師傅們的作品。這是金錢在當地流動的機制，同時，對工藝師傅來說，他們的工作與以往不同，有了特別的意義。

　　最具象徵的就是「國際攝影節」獎座。頒發一張由小鎮師傅製作的椅子。這也會成為師傅的榮耀。

　　地方的餐飲店，運用當地生產的食材，追求地產地消，同時傳播食材本身的魅力。於是形成共鳴的連鎖反應。

　　提供東川才能得到的價值，同時，有意識地在自己的活動中，加入堅持當地精神的事物，即可持續提升區域內的經濟與榮耀。

「你的椅子」與新生兒共度時光

—

於2006年展開的「你的椅子」事業，也由小鎮的藝術工作室負責製作椅子。鎮公所的事業對活絡區域經濟，也提供一些貢獻。

「BAU工房」的藝廊與工作室就在小鎮的大街上，由大門嚴先生及和真先生兩代共同製作家具，截至目前為止，已經三度接下製作「你的椅子」的工作。第一次是「你的椅子」第一回，由設計師親自造訪工作室並指名他們製作。嚴先生說：「那個設計不好做，我還是拚命完成了。當時，我根本沒料到『你的椅子』後來這麼紅。」

2009年，他們再次接到委託，這次是父子倆共同製作。很巧的是，和真先生的孩子也在這一年出生。也就是說，和真先生的孩子收到由祖父及父親製作的「你的椅子」。

「你的椅子」由鎮長親手送到每一戶人家。這一年，和真先生也陪鎮長同行，直接將親手做的椅子交給對方。他跟收到椅子的家庭一起開心拍攝的合照，如今還裝飾在藝廊裡，成了他們的寶貝。

接下來是2015年，由自治團體擴大舉辦，BAU工房接到「你的椅子」訂單，數量竟是第一回的近四倍。由和真先生負責這項工作。他在藝廊後方的工作室，手工製作一張又一張的椅子。完成的椅子，將會隨著使用過程，逐漸染成麥芽色，越來越有味道。為了陪伴剛出生的孩童共度時光，「你的椅子」每年都會在東川工藝師傅的手中誕生。

深愛自然的人類活動，造就豐富的社團與區域

愛好戶外活動的社團自主發展

　　東川是一個可以讓人以真正的戶外活動為中心，享受生活的地方。除了豐富的自然環境，近年來，與自然環境相關的人們形成網路（社團），也十分迷人。

　　一般來說，為追求以戶外活動為中心的生活，在鄰近大自然的地方討生活，可不是一件易事。然而，東川鄰近豐富的大自然，又能在旭川工作，或是開一家具備自我風格的店鋪，是一個可以維生的地區。非但如此，具備「深愛自然」價值觀的人聚集於此地，衍生多種企劃與服務，串起各式各樣的活動。除此之外，mont-

bell與YAMAtune等戶外活動相關企業也來這裡展店。深愛自然的人們，在東川舉辦各種活動，造就了更豐富的戶外活動。

誘人的戶外生活

　　大雪山連峰地區，自古就是登山粉絲、戶外活動粉絲熱愛的地方。在本州必須登上3000公尺等級的高山才能見到的高山植物，來到旭岳，只要搭乘纜車，不到10分鐘就有緣目睹。除此之外，距離鎮中心不遠的「岐登牛森林公園」，也能看

環境，是登
口的地方。
和的動植物

到與大雪山截然不同的自然。鎮民從小就在這座森林公園裡滑雪或散步，在山林間嬉戲，不少人對這裡抱著里山[23]的感情。

早在很久以前，就有人戀上東川豐富的自然環境，選擇移居此地，例如攝影師們。他們拍下在大雪山棲息的鼠兔、蝦夷小鼴鼠等野生動物，也將山林等自然風景納入照片之中。

這裡也有許多人靠山域嚮導維生，帶領觀光客上山。絕大多數的人都是自行活動，由於這是一個攸關人命，需要高度專業的職業，救難研習及講座，也能構成強大的橫向連結。

「NPO法人大雪山自然學校（前NEOS）」為透過生態旅遊，促進區域人士交流，也扮演各種角色。例如接下在旭岳、天人峽地區的環境保全方案，在旭岳

左右頁：豐富的大雪山自然環境，是登山、戶外活動粉絲長年來熟知的地方。保留豐富的生態體系，多樣化的動植物在此棲息。

23 由住家、聚落、耕地、池塘、溪流與山丘混和而成的風景。

纜車姿見車站呼籲注意事項,整備登山步道,還在岐登牛辦理自然體驗學校等從事與區域密切結合的活動。

從事管理工作近10年的山口千惠女士說:

「NEOS(今·大雪山自然學校)夏季召募旭岳及天人峽的夏季短期工作人員,每年都有7~8名年輕人來工作。有些人直接留在東川,一住就是好幾年。還有人在這裡結婚、生子,如今仍然在東川過著享受戶外活動的生活。」

移居的年輕人也主導、推廣戶外活動。舉例來說,2013年,來自加拿大的戶外運動電影國際影展「班夫山岳影展」(Banff Mountain Film Festival)選在東川舉辦。主辦人是山域嚮導青木倫子女士(P138)。第2年,發展成「東川戶外活動節」。活動招攬多家戶外用品商,2015年辦理第4屆時,已經有300多人報名參加。

世界關注的大雪山地區

滑雪板選手中川伸也先生表示,東川及大雪山地區,是備受世界關注的冬季運動地點。

「由於地形的關係,大雪山的降雪水分含量少、比較乾燥。這是世界頂級的雪質。再加上旁邊就有一座設施完善的小

「班夫山岳影展」的電影播映會,會場坐滿熱愛戶外運動的粉絲。

鎮，這裡旅行很方便。目前，美國和加拿大都不太容易積雪，所以國外的滑雪者、滑雪板好手，都跑來日本了。考慮東川的潛能，未來幾年之間，歐美圈的觀光客一定會越來越多。」

對日本國內人士來說，東川的條件自然也很好。它鄰近旭川，只要從東京羽田機場搭乘清晨6點45分的早班機，10點就能開始滑雪了。再利用20點25分，旭川機場出發的末班機，當天來回也沒問題，交通便利也是它的誘因。

深愛自然的人們，他們的活動還會帶來各種附加效果。首先，他們對於自然及感性，擁有高度的自我想法。當他們在當地生活時，即可培養出良好的風氣，讓品味佳、擁有自我堅持的店鋪或商機在這裡發展。此外，他們認同彼此的活動，產生連結，更容易衍生各式不同的合作活動。

2015年夏季，由東川振興公社主導，整備滑雪場，這時，以中川先生為首的一群深愛自然的人們，發揮了他們的力量，找來不少志工。深愛自然的人們集結成社團後，他們自發的活動能與當地居民、地方政府、相關單位結合，提升當地的討論度。

戶外用品各大品牌參加「東川戶外活動節」，同時舉辦工作坊。

我們心裡擁有近似「東川人」的意識，
才能盛情款待外地來的人

—— 青木倫子（山域嚮導）

戶外活動文化以返鄉、下鄉來到東川的移住者為中心，掀起一波討論的熱潮。「東川戶外活動節」就是一大象徵。向山域嚮導青木倫子女士請教，提案活動，與同伴共同經營的歷程。

Higashikawa-jin
東川人

—— 請問您搬來東川的原因？

我是札幌人，25歲以前，去了加拿大留學。回到日本之後，我來東川拜訪在旭岳工作的朋友，我直覺「這個小鎮真棒」。當時，這裡還沒有這麼多商店，對於不喜歡大城市的我來說，是個很好的地方。我調查之後發現，東川跟加拿大的坎莫爾鎮竟然是姊妹市。要是能住在東川，不僅高山近在眼前，說不定能跟加拿大有什麼關係吧。於是我就搬過來了。

在這裡住了5年之後，我到非洲參加為期2年的青年海外協力隊（JOCV）活動，2010年回來。爬了一趟久違的旭岳，我再次確認，我真的很喜歡這個地方。

—— 再次回到東川後，您從事什麼工作呢？

我擔任山域嚮導朋友的助手，過了一段時間，2014年，我自立門戶。我一整年都想向大家介紹旭岳的美好之處，除了夏季期間，冬季也會帶領人們造訪偏遠地區。

—— 請問您舉辦「班夫山岳影展」、「東川戶外活動節」的經過？

25歲之前，我留學的加拿大大學曾張貼著班夫山岳影展的海報。不過當時我的課業繁重，沒能去參加。5年前，我再次搬到東川之後，心想要是能在這裡播放

班夫的影片，不知該有多好，於是我跟鎮公所討論。後來，他們幫我找到相符的名目，編了預算，我們找了大約40個跟高山相關的人員，自行播映。

由於活動大受好評，有人表示願意擔任後續活動的志工。所以後來就辦了「東川戶外活動節」，不靠鎮公所，自己試試看。我們派發傳單，找《北海道新聞》幫忙宣傳，當天大約吸引300名顧客。有來偏遠地區滑雪的人，也有來山上散步的人，客層非常廣，我們也播映各種不同類型的電影，大家都很盡興。

後來，我們每年都舉辦活動，在團隊成員的提案之下，加入攝影師的投影短片，讓活動更充實。大家喝酒討論活動相關事宜，自然就會提出很多靈感，讓人好期待。要是某某人有什麼想法，這也是一個能實現的好機會。

—— 您是否意識到辦活動能炒熱東川的戶外活動文化？

我們這些人擁有近似「東川人」的意識，會盡情款待那些協助我們的戶外用品業界人士，讓他們賓至如歸。開會的時候，我們也會談生意，甚至也曾經當場談定交易。

雖然我們沒做出什麼實際的經濟效果，由於活動舉辦期間在11月，正好是淡季，只要有人光臨小鎮，小鎮的商家都很高興。班夫山岳影展也是住在洛磯山腳下的山域嚮導們，利用夏季及冬季等淡季期間開辦的活動。為了即將來臨的滑雪季，我們會在可以炒熱氣氛的時期舉行。

—— 聽說您曾經遠赴「班夫山岳影展」的發源地考察？

坦白說，隨著辦理次數增加，我越來越能感受經營的難度。為了讓我們團隊的成員齊心協力，我認為共享願景十分重要，於是跟鎮公所方面討論。後來，鎮公所編列了國際觀光補助，讓我們以東川町的名義，到發源地參加影展。

12年前認識東川的時候，我曾經想像「待在這座小鎮，也許能與加拿大有什麼關係吧」，想不到我的夢想竟然成真了。在鎮公所的協助之下，我對東川再次改觀。

STANDARD 39

在學校共同合作，發展多元社會

國小串連區域的人們

對不少區域來說，傳統的「祭典」具備維持社區活動、促進社區活化的機能。東川是120年前開墾的小鎮，缺乏傳統的祭典，國小辦理的活動則扮演類似的角色。國小會舉辦運動會或成果發表會，讓居民傾注熱情，刺激社區自行活化。學校的活力與當地活力息息相關。

在少子化的情況下，國小面臨存亡的危機，於是區域「守護學校」的意識跟著高漲。

國小校區是當地社區的基礎單位之一。在東川，共有東川第一、第二、第三國小、東川國小，加起來總共4所鎮立小學。每所學校都在1900年左右建校。其中最大的是2014年遷校的東川國小，截至2015年12月為止，全校學生人數為347人。其他3所學校合計約100人。

東川國小遷校及建設之際，同時成立建設檢討委員會及廢併檢討委員會，曾討論過將鎮裡的所有學校併為一處的議題，為了維持各地的社區，最後決議保留各所學校。目前，只要各地沒有意見，則採取留存的方針。

即使自己的小孩不在列，也會參與學校活動

東川的學校活動，除了教職員及學生之外，家長會與義勇消防隊也會通力合作。因此，當地較具聲望的人通常跟家長會脫不了關係。

此外，東川的各地區有多個鄰里協會，除了學校的運動會，每年還會召開地區的鎮民運動會。蜈蚣競走、拔河、還有稻米產地才有的扛米袋競賽，不管是大人還是小孩，都會為了自己的地區爭面子，全力以赴，在運動會之前，地區人士還會約好一起練習，藉著這些活動凝聚社區的向心力。

社區凝聚力最強、參與活動最熱心的，就是第三國小所在的第3地區。第三國小的畢業典禮，即使自家沒人畢業，當地的人們也會參加，噙著淚水目送孩子踏出校門。整個地區的人共同守護著孩子，感情也更深厚了。校友在畢業之後，還是經常回到他們喜愛的國小。因此，成果發表會甚至會安排畢業校友的戲劇或短劇表演。

此外，該地區為募集少年團活動的活動資金，代替學校的社團活動，曾辦理「啤酒派對」，招待與會者暢飲生啤酒。達成目標之後，為了讓地區的人們盡興，仍然持續辦理。每年都會準備表演並販售啤酒及餐點。聚集了約200人，喝酒歌唱，好不熱鬧。這也是能讓移住者與當

左、右頁：第三國小運動會的情況。除了校方人士，校友與當地居民也會參加，當成祭典，熱鬧一番。也是當地的交流機會。

地人打成一片的機會。

在這種環境之下成長的東川兒童，能夠親身體驗社區的重要性。這也可以說是東川的原點之一。有了各地社區的凝聚力，人與人才能打造互助的體制，在信賴關係下生活。對區域的思念，也會成為青壯年世代返鄉，在當地經商的動機。

一旦當地的社區消失了，想要恢復可是難如登天。東川將會上下一心，努力維持社區。

全校學生11人，
在逼近極限的狀態下，
萌生「必須守護學校」的念頭

—— 矢澤睦（第三國小家長會長、丸巳社長）

在東川，第3社區的凝聚力特別強，矢澤睦先生身為該區的推手，也是大規模農家「丸巳」的社長。他跟當地有什麼樣的關係呢？請他聊聊他的想法。

School
學校
=
Community
社區

—— 請問您在第3地區、第三國小出生、成長嗎？

由於建設忠別水庫的關係，我以前住的地方已經沉進水底了，1989年才搬到第3地區。我弟弟就讀第三國小，不過我以前上的小學，現在已經不在了。
我在讀高中的時候離開小鎮，24歲的時候，為了繼承家業，回來務農。

—— 您跟當地有什麼樣的關係呢？

我們家原本在山上沒住人的地方種菜，經營農業。很晚才開始種稻，當時才知道水田是大家一起分享水源，互相幫忙的農業。為了大家相處愉快，必須遵守規矩才行。就連啟動收割機時，泥巴若掉在馬路上，也要拿掃把掃乾淨哦。

—— 請問您什麼時候開始參與第三國小的活動？

小孩去上學之後，我也參加家長會的活動。目前，第三國小的學生大約23～24人。我們地區的少子化比其他地區嚴重，當時只剩11個學生。年紀比我大一輪的前輩們為了維持社區，拚命地努力。
我弟弟跟我一起繼承家業跟成家，當時，第三國小就有5個姓矢澤的學生。結果，全校學生近半數都是我們的家人跟親戚。在逼近極限的狀態下，我萌生「必須守護學校」的念頭。

—— 具體來說，做了哪些事呢？

我經常動員、找人來練習鎮民運動會。一打聽到有年輕人搬到我們這個地區，不管他們家有沒有國小學童，都會找他們來參加，「來參加一次嘛。保證好玩。」（笑）大家都很喜歡比賽，真的很好玩哦。還有就是畢業典禮的時候，我也會邀請他們參加，「來看看也不錯啊。」我們集結了整個地區的人來栽培小孩，很感動呢。

社團的關係，是代代相傳的情誼。我的上一輩比我還熱血，他們總是抱著與工作不相上下，甚至是超越工作的熱情來參與活動。

—— 東川國小設立之時，也討論了廢併校的話題吧？

我反對。「又新又大的學校比較好」也許是一種很正常的想法，不過，當時第三國小的學生家長全都反對併校。
我們這個地區之所以能維持活力，都是因為小學的關係。就這個層面來說，大家都想保護學校。

—— 請問第三國小的學童人數增加的原因？

有一年，第3地區積極召募住宅地，使兒童人數暴增。不過以後說不定還會減少吧。我經常跟鎮公所討論，看要用什麼方法，從外地吸引有小孩的家庭。
小學廢併校的底線，好像是學生人數15人。2、3年後，第三國小恐怕要面臨這個問題。今年的畢業生是4個人，明年是8個。相對地，入學的好像只有1、2個人……。就是這樣加加減減。

—— 請問小學今後會面臨什麼樣的課題呢？

我認為這裡的教育環境很好。眺望大雪山，在地區人們的守護之下，孩子可以穩健成長。剩下的就是我們要發送訊息，吸引大家搬過來，帶來更多的小孩吧。

STANDARD 40

區域互相影響，持續催生「自己的 Style」

東川風格成形的關鍵之一——北之住宅設計社

「北之住宅設計社」以家具及雜貨為中心，提案與自然共同生活，是「東川風格」的象徵之一。

鎮民受到北之住宅設計社的Style影響，進一步孕育出自己的Style。在彼此認同之下，東川培育了更多元的商機及事業。

北之住宅設計社位於距離鎮中心約8公里的山腳下，修理、改建1928年落成的舊第五國小，工作室則在自己種植的森林裡。別屋設了烘焙坊及商店，即使在大雪時期，來自遠方的觀光客依然絡繹不絕，是一個熱門景點。

這裡以簡單、耐用又牢固的手工家具為主，還有雜貨、服飾、住宅，持續提案廣泛的理想生活風格。別屋的空間則是以硬式麵包及丹麥麵包為中心，販售麵包、有機食材的烘焙坊，以及開放式咖啡廳，在這裡可以品嚐以北海道產當季食材製作的義大利麵。

造訪這裡的居民及外地人，應該都能發現3件事。

重新審視自己的生活，造訪者的3個發現

1）實際體驗東川的豐富生活風格
　＝「想過這種生活」
2）利用東川地理位置構成的商業模式
　＝「有商機」
3）地產地消型業種創業的可能性
　＝「我可能也辦得到」

　渡邊恭延社長大約在30年前打造工房，後來，他不斷學習，將探究本質的價值觀，反映在產品、工作室相關的空間及活動上，在事業上持續貫徹他的信念。歷史悠久的事業活動，贏得人們的認同，許多在東川發展事業的人，都能跟北之住宅設計社一樣，用各自的話語，表達在東川經營事業的意義。

　北之住宅設計社成了一個關鍵，在東川，人們互相影響，孕育並提升自己的Style，這段關係還會持續下去。

左頁：北之住宅設計社位於茂密的森林裡。｜右頁：店裡擺著嚴選的家具與食品，來自北海道內外的觀光客，絡繹不絕。

145

創造自己的Style，
呈現喜歡的觀念與生活

—— 渡邊恭延（北之住宅設計社社長）

Higashikawa-ism
東川思考

許多在東川發展事業，都能跟北之住宅設計社一樣，用各自的話語，表達在東川經營事業的意義，使人留下深刻的印象。渡邊恭延代表在東川思考了什麼？又是如何表現的呢？

—— 請教您移居當時的情況？

那時我才剛創業，正想找一個可以製作家具的地方，在我信賴的作家朋友邀請之下，得知東川的廢校可以使用。雖然很荒涼，不過我在那裡蓋了工作室和自用住宅。修理學校這棟古老的建築物，讓它重生，把它保留下來，我想把它當成我們的人生象徵。

除此之外，我們也決定要在這片荒涼的地方種植一片森林。所謂森林的結構呢，高的樹下有矮樹叢，下面還長著草。就成了大自然，我打算體驗並等待著，直到原野開花的時刻。

—— 為什麼選擇製作北歐風格的家具呢？

我在學生時代向芬蘭的老師學習製作家具，也曾經造訪北歐。那邊溫暖的季節十分短暫，草木弱不禁風。看到人們對草木愛惜有加的樣子，我覺得那是十分豐富的生活。

後來，我從瑞典聘了一個設計師，在那一年間，我們一起開發商品。在東京參展的時候，引來大批人潮，人們表示：「從來沒看過這種家具。」當時，真正的歐式家具還沒在日本扎根。

—— 請問您對製造方面有什麼樣的堅持呢？

人應該跟自然一起生活，這是我一貫的想法。有別於科學的進步，在製造的過程中，我想用比較環保的方式。所以我決定只用天然的素材。具體來說，就是完全不用聚氨酯塗料，而是用瑞典設計師教我的天然油塗料。若是抱著半調子的心態，只會被世界的洪流吞噬。所以，我完全不用不天然的塗料，到了有點極端的地步。我相信，只要我做對的事，家具總有一天會銷暢。

大約從4、5年前開始，我也不再使用美國生產的木材了。完全採用北海道的木材製作家具、蓋房子，這個挑戰會是我人生的末章。到了這樣的時代，要問我有沒有什麼要給製造業的訊息，我認為應該是地產地消吧。

—— 為什麼會開咖啡廳呢？

我本來想要展示參展的家具，所以把住家的部分空間改成藝廊。結果訪客越來越多，所以闢了一方小小的喝茶空間……，由於現實所需，慢慢擴展的產物。我們從來都不曾刻意經營這一塊。

—— 請問在「東川」製造的意義是什麼？

過去，我面對重大的判斷時，也許是靠直覺或是氣氛吧，我能從中感到時代的變遷。因為我置身於這裡的自然，才能感受這些事吧。還有，飲用東川潔淨的地下水，對我的精神也造成帶來重大的影響。

最近，我很喜歡「精益求精」這個字句。每一個日子都像在修行。我想要一步一步地，擦亮「made in Hokkaido」的招牌。

—— 對於東川多了許多新商店，您有什麼看法呢？

看到好朋友在東川開店，我發現我們的想法很接近。與其把事業做大、帶動潮流，我們更想要造創自己的Style，呈現我們覺得不錯的事物與生活。我覺得這樣的人慢慢增加了。我們夫妻經常聊起，覺得年代不同了，不過「感覺很棒呢」。

東川這地方

　　自從在2011年11月造訪東川町，這個地方不可思議的魅力，已經擄獲我的心。然而，想要向第三者傳達東川町的時候，卻又找不到合適的形容詞。充滿魅力的人群、美好的咖啡廳和選品店、旭岳及田園風景交織而成的四季、天然水的生活、寫真之町，窮盡各種迷人的詞彙，也無法正確傳達我的想法，總讓我感到焦慮。

　　詢問小鎮的相關人士，「這樣的小鎮到底是怎麼來的？」他們只留下模稜兩可的說明，無法消除我的疑問。看來，只能實際帶領大家走一遭，才能領略這份魅力了，在東川町鎮公所的協助之下，我帶著一、兩位感興趣的朋友，沿路我們不斷爭論，找出可以正確傳遞東川魅力的方法。我們持續摸索，才發現這段摸索的過程，正是未來鄉鎮發展的提示。待我們察覺之後，便提出《東川STYLE》企劃。

　　首先，為了闡明東川的不可思議，我們採訪形形色色的人物。為了

深入發掘我們的發現，我們又繼續採訪對方介紹的人士。好想解開東川的魅力之謎。這股念頭成了媒介，不知不覺中，我們竟然已經與近100人訪談。

　　接受採訪的人們都異口同聲地陳述「在東川生活」的價值，以及對「東川風格」的堅持。我發現他們擁有「東川風格」這個共同價值。寫真之町宣言的30年後，這個活動淬鍊了區域資源，同時在人與人的連結之下，創造出「東川風格」的共同價值。

　　「共同價值」感覺是個不容易理解的名詞，觀察東川人們的行為，心裡自然會浮現這個字眼，把它替換成「Style」，應該比較容易理解吧。在《大辭泉 第二版》（小學館）中查閱「style」，查到的結果是「（1）體型；（2）服飾或頭髮的型式；（3）建築、美術、音樂等樣式；（4）文章或文學作品的表現形式；（5）個人或團體的固有想法及行

動方式」，也就是個人或團體的固有想法及行動方式。說起湘南Style、原宿Style，應該可以想像吧。

實際上，我試著改變我的目光，將模稜兩可的「東川風格」，視為東川的固有想法及行動方式，也就是把它視為「東川Style」。於是，我發現東川居民的豐富生活Style；在「寫真之町宣言」後跳脫公務員窠臼，設計機智制度的鎮公所Style；鎮公所、JA、商工會、志工團體、NPO追求「東川風格」，共同努力的Style，由於各種不同的Style發揮作用，才能形成獨特的小型生態系統。

於是我們基於這些Style，試著整理成基準，過程卻是十分艱辛。當時，住在東川的創作者們提供了莫大的協助。我們住在東京，每個月頂多只能走訪當地一回，深愛東川的創作者們陪在我們身旁，為我們加油打氣，共同創造了這本書。他們的才華，為本書賦予價值。我們甚至可以說，這本書就是「東川Style」的產物，也是共創的案例。

請讀者比較您自己的價值基準，以及《東川STYLE》提出的未來社會

價值基準（Standard），請問您有什麼感想呢？若是您對本書的內容感興趣，或是還不曾造訪東川，歡迎您下次親自走訪這片土地。附錄介紹了部分店鋪名單，可做為您踏入東川的入口，除此之外，也可以查閱鎮公所、觀光協會及個性化商店的官方網頁及社群網站。接著，您的鄉鎮發展旅行、與小鎮共創之旅，即將啟程。

　　製作本書的過程中，獲得東川町各界人士的協助，接受採訪、交流意見，得到許多建議，使我們獲益良多。本書的付梓，都要感謝東川的人們。衷心感謝各位的協助。此外，還要感謝吉田真緒女士，感謝您傾力相助，傾聽東川人們的話語，將它們化為《東川STYLE》這本書。最後要鄭重向產學社的末澤寧史先生致謝，感謝您給我們出版的機會，持續為我們加油打氣。

2016年3月　小島敏明

DAILY LIFE

of

HIGASHIKAWA

東川的日常

雖然是東川的日常，
在其他小鎮可不常見。
介紹東川才有的，特別「日常」。

01

DAILY LIFE

of

HIGASHIKAWA

[孩子跟小鎮製作的木製家具一起長大]

在東川，小鎮的工藝師傅會製作贈送初生兒的椅子，以及國小課桌椅。
優質手工藝，守護孩子穩健成長。

Farm RERA的雞蛋

DEMETER
的貝果與山型吐司

豆屋的豆漿餐包

Tea room TOMTE
的果醬

Roaster Coaster的咖啡
使用大雪山湧泉水

Aoi杜
的培根與雞肉捲

[蒐集鎮上的食材，就成了一頓最棒的早餐]

小鎮有許多嚴選素材，追求鮮美滋味的店家。
早餐只要備齊東川的食材，一天的開始甚至比高級飯店還奢華。

03

DAILY LIFE
of
HIGASHIKAWA

01
[DEMETER]
CHOCOLATE CAKE

02
[TEKAGO]
SNOW BALL

03
[TENGETSUAN]
KINU ROLL

04
[&DONUT]
GRAHAM DONUT

04

DAILY LIFE
of
HIGASHIKAWA

[在暖爐裡添柴火，度過美好的冬日時光]

暖呼呼的燒柴式暖爐，最適合北國的生活。
不少家庭或店家安裝燒柴式暖爐，過著愜意的日子。

[YOSHINORI COFFEE]
SHOP & HOME

[YAMATUNE]
SHOP

[THE YAMAGUCHI RESIDENCE]
HOME

[SHINRIN TAIKEN KENSHU CENTER]
PUBLIC SPACE

[ROASTER COASTER]
SHOP

[THE MATSUZAWA RESIDENCE]
HOME

Kitoushi

2014

[薄酒萊很棒，Kitoushi新酒更令人期待]

在岐登牛山腳栽培的葡萄，製成葡萄酒「Kitoushi」。每逢新酒上市的季節，鎮民都會享用當地才能嚐到的風味，開瓶並乾杯。

SHOP LIST

東川Style店舖＆餐飲店列表

※店舖＆餐飲店將持續不斷變化、進化（刊載內容為2015年12月資訊）。請您實際造訪東川町，找出屬於自己店家的吧。此外，刊載店舖的營業時間及公休日，請在造訪之前於官方網站確認。
※西元為開幕年，「＊」為使用創業輔導制度的店家。號碼對應P166-167的地圖。

---

01 | 咖啡廳 | 2014

Roaster Coaster
自家烘焙咖啡
--
東川町西町1丁目1-13 / 0166 73 7665

---

02 | 咖啡廳 | 2002

Tea room TOMTE
藝廊、咖啡（Studio K&M位於藝廊內）
--
東川町東10號南5 / 0166 82 6522

---

03 | 咖啡廳 | 2005＊

寵物咖啡廳 SUNNYSPOT
寵物咖啡廳
--
東川町西11號北24 / 0166 82 4404

---

04 | 咖啡廳 | 2010＊

RAKUDA CAFÉ
咖啡廳
--
東川町南町4丁目4-17 / 0166 74 5415

---

05 | 咖啡廳 | 2014＊

The Rocket Cafe
咖啡廳
--
東川町南町1丁目16-2 / 080 4049 8883

---

06 | 咖啡廳 | 2015＊

yoshinori coffee
自家烘焙咖啡
--
東川町北町12丁目11-1 / 0166 56 0099

---

07 | 咖啡廳 | 2015

池畔CAFE HANA
咖啡廳（理創夢工房旁）
--
東川町1號北44 / 0166 82 3859

---

08 | 複合咖啡廳 | 2014

月之報恩
商品販售、咖啡廳
--
東川町西町2丁目8-6 / 0166 82 4685

---

09 | 複合商店 | 1985

北之住宅設計社
商品販售、咖啡廳、室內設計、家具
--
東川町7號北7 / 0166 82 4556

---

10 | 烘焙坊 | 2002

麵包工房Märchen
「東川米」米粉麵包
--
東川町東7號北3 / 090 2053 3534

---

11 | 烘焙坊 | 2008

麵包與甜點店 DEMETER
麵包、烘焙甜點
--
東川町西10號北46 / 0166 82 2693

---

12 | 烘焙坊 | 2010

自家製酵母麵包 豆屋
自家製酵母麵包
--
東川町東町2丁目15-17 / 080 6075 8088

13
| | 糕餅 | 1958* |

ゝ月庵
「東川米」米粉戚風蛋糕、年輪蛋糕
--
東川町南町1丁目1-3 / 0166 82 3004

14
| | 糕餅 | 2014 |

tekago
烘焙甜點
--
東川町南町3丁目/ 090 2873 2445（渡邊）

15
| | 糕餅 | 2015* |

&DONUT
自家製酵母麵包
--
東川町西町6丁目20-8 / 090 1093 4004

16
| | 食堂、餐廳 | 2011* |

讚岐烏龍 千幸
烏龍麵
--
東川町東町1丁目1-1 / 0166 56 3060

16
| | 食堂、餐廳 | 2011* |

披薩亭
石窯披薩
--
東川町東町1丁目1-1 / 0166 73 8255

17
| | 食堂、餐廳 | 2014* |

古農家GOLOSO
義式餐廳
--
東川町東3號北32 / 090 6879 8998

18
| | 食堂、餐廳 | 1998 |

Koguma Group旭川拉麵東川店
拉麵
--
東川町北町5丁目2-8 / 0166 82 5221

19
| | 食堂、餐廳 | 1986 |

一休
拉麵
--
東川町西町2丁目1-18 / 0166 82 2752

20
| | 食堂、餐廳 | 1982 |

拉麵專賣店 蝦夷
拉麵
--
東川町東1丁目 / 0166 82 2232

21
| | 食堂、餐廳 | 2001 |

定食Okame
馬鈴薯糰子湯及其他定食
--
東川町西町9丁目1-24 / 0166 82 5282

22
| | 食堂、餐廳 | 1976 |

笹壽司
壽司、拉麵及其他定食
--
東川町南町1丁目2-4 / 0166 82 2747

23
| | 食堂、餐廳 | 2012* |

on the table
午餐、咖啡廳(夜間為酒吧)
--
東川町南町1丁目1-6 / 0166 73 6328

24
| | 食堂、餐廳 | 2012* |

Nomado
午餐、咖啡廳
--
東川町東町2丁目3-20 / 0166 85 6100

25
| | 食堂、餐廳 | 2011* |

natsu Café
午餐
--
東川町北町5丁目9-1 / 0166 74 8175

26
| | 食堂、餐廳 | 2005* |

西乃屋
壽司
--
東川町西町4丁目2-20 / 0166 82 5057

27
| | 食堂、餐廳 | 2010 |

Cocolin食堂
午餐(僅平常日。11:30～13:00)
--
東川町東町1丁目7-10 / 0166 82 2666

(28)
食堂、餐廳 | 2014*

石臼蕎麥 撫
蕎麥麵
--
東川町東町1丁目6-1 / 0166 82 2116

(29)
食堂、餐廳 | 2015

wine café veraison
義式料理、酒吧
--
東川町東町2丁目3-3 / 0166 99 0015

(30)
食堂、餐廳 | 2015

Haru Kitchen
焗烤咖哩
--
東川町東11號南4 / 090 6992 0131

(23)
商品販售 | 2012*

Less
選品店
--
東川町南町1丁目1-6 / 0166 73 6325

(31)
商品販售 | 2009*

SALT
選品店
--
東川町東4號南1 / 0166 82 6660

(32)
商品販售 | 2012*

mont-bell大雪東川店
戶外用品店
--
東川町東町1丁目2-2 / 0166 82 6120

(33)
商品販售 | 2014*

YAMAtune大雪山店
襪子直營店
--
東川町南町2丁目2-5 / 0166 74 6388

(34)
商品販售 | 2011*

玄米飯糰 茶店
飯糰
--
東川町西2號北2 / 0166 82 3887

(35)
商品販售 | 2002*

越智惠子的拿手菜
醃漬物
--
東川町東9號南6 / 0166 82 3104

(36)
商品販售 | 1946

平田豆腐店
豆腐
--
東川町北町9丁目1-5 / 0166 82 4148

(37)
商品販售 | 1924

平田酒麴店
味噌、麴菌
--
東川町西町9丁目1-23 / 0166 82 3301

(38)
商品販售 | 2003

生鮮、手作料理 我良笑
小菜
--
東川町南町3丁目1-15 / 0166 82 4865

(39)
商品販售 | 1927

宮崎豆腐店
豆腐
--
東川町東町1丁目1-18 / 0166 82 2543

(40)
商品販售

東八Store有限公司
東川町產天然蜂蜜
--
東川町東8號南1 / 0166 82 3997

(41)
商品販售 | 2011*

手工火腿工房 Aoi杜
自製培根、煙燻食品
--
東川町南町2丁目3-2 / 0166 82 2310

(42)
商品販售 | 2015

pava-nti
服飾、飾品、裁縫、修改
--
東川町南町1丁目3-2 / 0166 99 0073

165

611

○ 東川國小

○ 東川町幼兒中心

○ 東川高中

○ 東川町文化藝廊

1160

○ 東川國中

○ 農村環境改善中心

19

羽衣公園○

東川日語學校○

○ 東川町鎮公所

12

27

JA ○

28

08

44 01

16 43

48

54

13

○ 道之驛東川「道草館」

23 32 20

22

45

42

33 29 24

05

41

38

294

14

04

忠別川

東神樂町

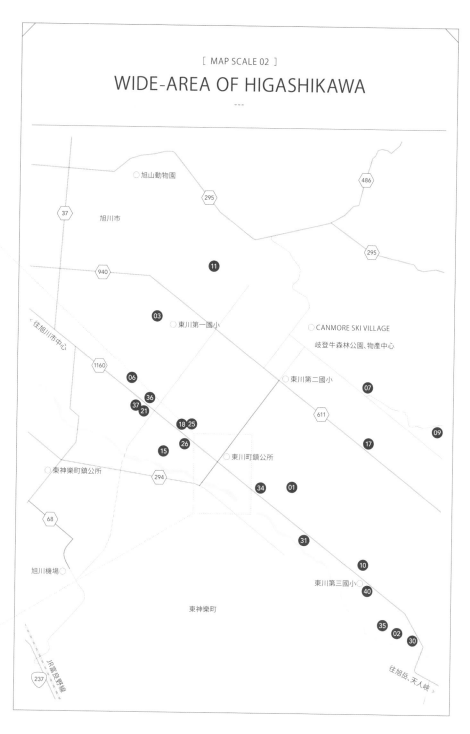

小鎮大事件、政策

• 來自香川、富山、愛知、德島各縣人民入住　　　　• 改制為町, 東川町誕生

　• 東川村誕生　　　　　　　　　　　　　　　　　中川音冶就任鎮長 •

公共設施、基礎建設的變遷

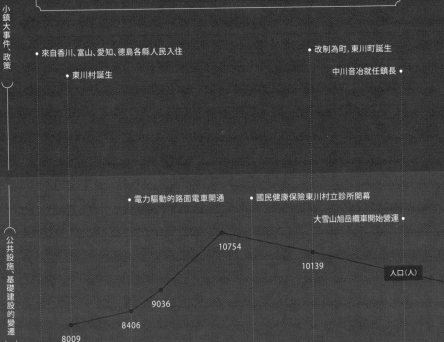

　• 電力驅動的路面電車開通　• 國民健康保險東川村立診所開幕

　　　　　　　　　　　　　　　大雪山旭岳纜車開始營運 •

10754

10139

人口(人)

9036

8406

8009

1895　1909　1920　1929　1930　1940　1945　1950　1955　1959　1960　1965　1967

日本大事件

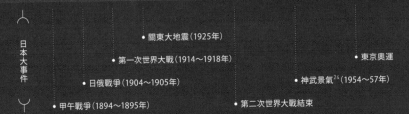

• 關東大地震 (1925年)

• 第一次世界大戰 (1914～1918年)　　　　　　　• 東京奧運

• 日俄戰爭 (1904～1905年)　　　　• 神武景氣[24] (1954～57年)

• 甲午戰爭 (1894～1895年)　　　　• 第二次世界大戰結束

啓動農村綜合整備示範事業 •

發表「寫真之町」宣言 •
東川國際攝影節開辦 •
北之住宅設計社遷至第五國小舊址 •

制訂「寫真之町」條例 •
推動設置商店木雕招牌事業 •

一等米出貨率93%, 居北海道之冠 •

與加拿大亞伯達省坎莫爾鎮締結為姊妹城市 •

廢除路面電車 •
岐登牛森林公園家族旅行村開幕 •

岐登牛森林公園落成 •
第四國小閉校 •

開設東川町鄉土館 •
北海道資訊處理專門學校開校 •

第五國小閉校 •
東川町文化藝廊開幕 •
東川養護學校開校 •
忠別川親水河川公園落成 •

忠別水庫動工 •

8204

7616   7774

7760

7418

1970 1972 1975 1980 1981 1982 1983 1984 1985 1986 1987 1988 1989 1990

昭和天皇駕崩 •

舉辦札幌冬季奧運 •
青函隧道通車 •
泡沫經濟 •
連絡船25停航 •

舉辦大阪世界博覽會 •
日航巨無霸客機於群馬縣御巢鷹山墜毀 •

24 二次大戰後日本的第一次經濟高度發展期。

25 青函連絡船，青森車站及函館車站之間的火車渡輪航線。

- 山田孝夫就任鎮長
- 設置「寫真之町推進室」

- 工藝師傅移居人數增加
- 舉辦東川國際冰雪藝術祭

制訂育成守護東川風景條例 •

- 推動東川葡萄酒事業

松岡市郎就任鎮長 •
設置「特別對策室」 •
興建民眾租賃住宅補助方案 •
推動創業輔導制度 •

- 舉行開拓百年紀念典禮
- 開辦「寫真甲子園」
- 設置小鎮的官方網頁
- 3月時人口一度低於7000人

設置大雪地區廣域聯盟 •
分售地「East town」40區開始銷售 •
道草館核可為道之驛 •

- 日照中心落成
- B&G財團東川海洋中心開幕

- 保健福祉中心開幕

- 鎮立診所開幕（全面改建）

- 西部社區服務中心落成

東川「道草館」落成 •

- 第一地區、第二地區
  社區服務中心落成

幼兒中心「鼴鼠之家」開幕 •

- 第三地區社區服務中心落成

大雪旭岳源水公園落成 •

人口（人）

| | | | 7066 | 7111 | 7187 | 7326 | 7408 | 7482 | 7588 | 7535 | 7567 | 7551 | 7621 |

| 1991 | 1992 | 1993 | 1994 | 1995 | 1996 | 1997 | 1998 | 1999 | 2000 | 2001 | 2002 | 2003 | 2004 |

- IT景氣（～2000年）

- 泡沫崩盤

- 阪神大地震

- 山一證券、拓銀[26]倒閉

- 提出「寫真之町」企劃的行銷公司破產，
  由小鎮自行營運
- 獲政府指定為景觀行政團體
- 「米罐」註冊商標
- 餐飲店、麵包店、雜貨店等新店鋪增加

- 《迷你SLOW》×東川町發售（～2013年）
- 分售地「Garden Court Kitoushi」18區開始銷售

- 舉辦「東川收藏展」（東京都寫真美術館）
- 興建景觀住宅補助方案
- 分售地「Green Village」第1期33區開始銷售
- 開辦「你的椅子」計劃
- 開辦新‧結婚書約、新‧出生證明書

- 「東川米」註冊為區域團體商標
- 分售地「Green Village」第3期35區、
  分售地「友遊團地」16區開始銷售
- mont-bell大雪東川店開幕

- 開辦「寫真之町」Higashigawa股東制度
- 獲選為百大名水
- 分售地「Green Village」第2期19區、
  「新榮團地」第4次25區開始銷售
- 與拉脫維亞共和國魯伊耶納市締結為姊妹城市

- 興建民眾租賃住宅補助方案（2013～2014）
- 大雪旭岳源水註冊為區域商標

- 發表「寫真文化首都」宣言
- 11月人口突破8000人
- 推動東川町北方住宅建設事業
- 推動兩代同堂事業
- 推動設置燒柴式暖爐等補助方案
- 舉辦東川戶外活動節

- 設置「寫真文化首都創生課」
- 舉辦高中生國際交流攝影節

Higashigawa股東制度榮獲「故鄉納稅大獎」•
（由「自立及分散改變日本的故鄉及知事網路」主辦）

- 忠別水庫落成

- 大雪水源資源保全中心設立

- 東川國小（遷校）
  區域交流中心開幕

- 東川町立東川日語學校開校

7694　7725　7737　7818　7815　7863　7912　7901　7948　7994　8105

2005　2006　2007　2008　2009　2010　2011　2012　2013　2014　2015　2016　…　2020

- 金融風暴

- 311大地震

※刊載項目均根據鎮史製作
※1990年以前的人口、戶數，根據戶口普查數據。1993年以後則依照小鎮人口動態調查（至12月）數據

【參考文獻‧資料】

東川町鄉土史編輯委員會編《東川故鄉鄉土史1-4》東川町，1994年

寫真文化首都「寫真之町」東川町編《大雪山 欣賞眾神嬉戲的庭園》新評論，2015年

《迷你SLOW「寫真之町」東川町2011-2013》東川町，2011~2013年

《東川議會報告154期》東川町，2011年8月

《東川議會報告157期》東川町，2012年5月

《東川町財政營運計劃》2011年9月

《東川町 市鎮‧居民‧工作創生 地方人口願景》2015年8月

《東川町 市鎮‧居民‧工作創生 綜合策略》2015年10月

《東川町「定住移住促進政策」資料》

《移住‧定住檔案集：東川時光，──東川生活推薦──》

《寫真文化首都「寫真之町」東川町市鎮發展概要資料篇》2014年8月修訂

《寫真文化首都「寫真之町」東川町「市鎮概要、區域活性化」資料》2015年5月

《東川町日語教育事業概要》2015年6月

《寫真之町‧東川視察說明資料》

《第21屆全國高中攝影選手錦標賽實施報告書》

《東川町攝影節2014實施報告書》

東川町官方網站（URL:http://town.higashikawa.hokkaido.jp/）

※本書刊載內容為2016年2月的資訊。如欲得知最新資訊，請上官網查詢。

東川STYLE：北海道8000人小鎮的創生故事

東川スタイル─人口8000人のまちが共創する未来の価値基準

編 著 者	玉村雅敏、小島敏明
著　　者	吉田真緒
譯　　者	侯詠馨
主　　編	湯宗勳
責 任 編 輯	廖婉婷
責 任 企 劃	王聖惠
美 術 設 計	陳恩安
發 行 人	趙政岷
出 版 者	時報文化出版企業股份有限公司
	10803台北市和平西路三段240號1-7樓
	發行專線─(02)2306-6824
	讀者服務專線─0800-231-705
	(02)2304-7103
	讀者服務傳真─(02)2304-6858
	郵撥─1934-4724時報文化出版公司
	信箱─10899台北華江橋郵局第99信箱
時報悅讀網	www.readingtimes.com.tw
電 子 郵 箱	new@readingtimes.com.tw
法 律 顧 問	理律法律事務所 陳長文律師、李念祖律師
印　　刷	和楹印刷
一 版 一 刷	2019年12月20日
定　　價	新台幣 380元

東川STYLE／玉村雅敏，小島敏明編著；侯詠馨譯. -- 一版. -- 臺北市：時報文化，2019.12 | 176
面；14.8×21公分 | 譯自：東川スタイル：人口8000人のまちが共創する未来の価値基準 | ISBN
978-957-13-8002-5（平裝） | 1.產業政策 2.區域開發 3.日本 | 552.31 | 108017446

Credits

攝影：

吉里演子（東川町文化藝廊學藝員）

關口萌（東川町區域振興合作社）

門脇雄太（東川町區域振興合作社/ Snowbubs ltd.）

照片提供：

大塚友記憲/ P2-4,76,112,134-5

飯塚達央（photo season）/ P33

砺波周平/ P64

村田一村/P5,20,26,27左下,63,160-1

Ozaki設計工作室/ P40

中川伸也/ P48

山田雅幸/ P136-7

鈴木工房/ P131

Snowbubs ltd. / P127

mont-bell / P122-3

東川町鎮公所

東川町商工會

東川第三自治振興會事務局

協助：寫真文化首都「寫真之町」北海道東川町